上智大学法学部教授
北村喜宣

自治力の情熱

＊　可能性を現実に！　＊

信山社政策法学ライブラリイ
9
SHINZANSHA LAW&POLICY LIBRARY

信 山 社

はしがき

地方分権一括法の施行は、自治体をめぐる法環境に、戦後かつてないほどの変動をもたらした。ただ、それは、目に見えるものではなかったために、一般には、変化が実感されていない。地方自治法一条の二や二条一一～一三項には、自治権拡充を思わせるような諸原則が規定されてはいるものの、それを具体化するような法改正や法制定は、ほとんど実現していないのである。地方分権一括法は、たしかに、「魔法の杖」ではなかった。

しかし、そうであるからといって、自治体は、拱手傍観しているべきではない。自主的解釈を駆使して、少なくとも自分の自治体においては、地域特性に応じた対応が適法にできるような法環境を創造してゆかなければならないのである。自治体職員の責任は重い。

眼前に拡がるのは、「道なき道」である。それを勇気を持って切り拓き、自信を持って踏み固め、そして、子や孫に歩いてもらう。その道は、「未来の豊かな地域」へとつながるのである。そのためには、人を変え、組織を変えるような発想の変革が、必要である。第一次地方分権改革は、大改革であった。今こそ必要なのは、その成果を確実なものとするための大解釈であり、それを支える情熱である。

この努力がされないかぎり、分権社会の到来は、ありえない。それどころか、反分権改革的な立法措置や行政運用によって、なしくずし的に、機関委任事務時代の状態に逆戻りしてしまうおそれさえある。自治体職員は、これまで以上に、感覚を研ぎ澄ませ、進むべき方向をしっかりと見据えていなければならないのである。

とはいえ、「明日のこと」がなかなか考えられない日常的な業務の連続は、職員の「感度」を、鈍らせてしまうかもしれない。研究者には、何ができるのだろうか。私は、現場に対して少しでも刺激を与えることを目的に、『自治実務セミナー』（第一法規）、『政策法務Facilitator』（第一法規）、『産業と環境』（リック社）、『地域政策：あすの三重』（三重県政策開発研修センター）に、エッセイ寄せてきた。

本書は、それをとりまとめ、『自治力の情熱』というタイトルのもとに再編成したものである。転載にあたっては、各編集部に、格別のご配慮を賜った。校正については、上智大学法学部ゼミ生の張替瑛二郎君に手伝っていただいた。楽しいイラストは、私の『自治力シリーズ』につきあってくれている横浜国立大学時代の元ゼミ生・宮川恭之君（横須賀市役所）の手による。信山社の村岡侖衛さんのエディットと応援は、いつもながら爽やかである。皆さん、ありがとう。楽しく元気な家族への感謝も、変わらずにある。

二〇〇四年　紫陽花のころ
柏尾川河畔にて

北村　喜宣

第1章
団体自治と住民自治

1　法律・国の役割・自治体の事務

見えないイメージ　地方分権時代において、法定自治事務を規定する法律とは、どのような意味を持つのだろうか。この何とも茫漠《ぼうばく》とした問いが、最近、よく頭をかすめる。あれこれと考えが迷走して、うまくまとまらないのであるが、ちょっと議論してみよう。

国会がつくる「自治体の事務」　いうまでもなく、法律は、国会が制定する。それによって、「国の事務」も創造されるし、「自治体の事務」も創造される。現在では、それが「国の事務」であるならば、国が直接に実施することになっている。機関委任事務制度は、廃止されたのである。

機関委任事務制度のもとでは、その事務が自治体現場においてどのように実施されるかは、当然に国の関心事であった。何といっても、「自分の事務」だったからである。しかし、今はどうであろうか。

国の役割にもとづく立法

自治体の事務を規定する現行法は、国会が制定したものであるが、それは、そうすることが「国の役割」に含まれるからである。地方自治法一条の二第二項は、国の役割をいくつか規定するが、多くの行政作用法は、おそらく、憲法で保障された基本的人権の一層の実現を目指して、「全国的に統一して定めることが望ましい国民の諸活動……に関する事務」という観点から、国会が制定したと整理できよう。そして、その観点から、その実施を、自治体に義務づけたのである。

国が直接に保障する

その義務づけにより、実現される状態は、ナショナル・ミニマムというのだろうか。ただ、機関委任事務時代とは、若干事情が異なっている。すなわち、分権前には、自治体は国のいう通りに動く存在であって、国の事務としての実現は、国が保障したのである。これは「全国最低限」であり、自治体が望むならば、自らの責任において、上乗せ・横出しが認められるといわれることがあったのである。

今後は間接的保障？

現在では、それは、法律にもとづきはするけれども、自治体の事務となっている。そして、地方自治法二条一一項や一三項が規定する立法原則に忠実に制度設計がされるとすると、法律は、細部の決定を自治体に委ねて、基本的構造の規定を担当することになる。枠組法化である。そうなると、法律だけでは、国民に対して、サービスの効果が届かなくなる。地域特性に応じた対応をするための条例の制定が必要とされることになるのであろう。

自治体の選択として、そうした措置が講じられない場合や、講じられても不十分と評価される場合には、それが法定自治事務であれば、大臣は、地方自治法二四五条の五にもとづいて、是正の要求をするのだろうか。それは、「国民たる住民」に対して、国が自らの責任において、ナショナル・ミニマムを実現するということだろうか。

合併論の背景　中央政府の主導で進められている市町村合併論、あるいは、垂直補完・水平補完論の背景には、小規模自治体では、法律にもとづく事務が将来的にこなせなくなるという危惧があるようにみえる。国の役割として法律を制定し、そこで自治体の事務を創設した以上、それが立法者の意図通りに実施できなくなるような事態を回避することが、国民との関係で国に求められているということだろう。

住民モ国民ナリ　これは、おそらくは、正当な関心事であるようにもみえるが、国がそのように動くのは、当該地域の「国民」のことを考えたからであろうか、それとも、「国民たる住民」のことを考えたからであろうか。機関委任事務時代なら、ナショナル・ミニマムの確保は、国が自らの手で行なうこともできた。現在では、是正の要求ということになるが、それは、きわめて限界的場合にのみ可能（実際には、ほとんど不可能）とされている。そこで、合併推進によって、それを実現しようとしているのかもしれない。

何ともとりとめのない話になってしまった。自治体の事務に関して、「法令による義務づけ・枠づけは緩和すべき」と基本的には考えているのであるが、国民の基本的人権の保障や公共の福祉の増進を考えると、市町村の状況によっては、難しい問題も現実にはあると感じるのである。

2　口にすれども姿はみえず!?
――地方自治適合的法律モデル

目指すは枠組法！　地方分権一括法が制定される以前から、「国法は枠組的な仕組みを規定するにとどまるべき。」といわれていた。その声は、分権改革後に、ますます強まっているようにみえる。地方自治法一条の二が国と自治体の適切な役割分担を規定し、二条一一項が立法原則を、二条一三項が法定自治事務に関する重要配慮原則を規定したことが、その背景となっている。

それでは、分権時代にふさわしい法律とは、どのようなものだろうか。「枠組法」の主張は、今のところ、それだけにとどまっており、具体的な制度設計にまでは進んでいない。「枠組法」は、まるで、姿のみえないUFOのようなものである。そこで、ちょっとラフ・スケッチをしてみよう。

法令をスリムにする　「規律密度が高い」ことが問題であるとすれば、法律から政省令への委任を少なくするか、直接条例に委任すればよい。もっとも、すべてを条例で規定せよということになると、過重な負担となる自治体もあるだろうから、とりあえずは、政省令で標準的な内容を規定しておき、「それに代えて適用すべき基準を条例で制定できる。」といった規定をおけばよいだろう。これは、被規制事業者、規制項目、規制範囲、規制基準などの事項について適用できる。

詳細は条例に　自治体は、そうした点について独自の内容を定めた法施行条例を制定することになる。たとえば、許可制が法律で規定されている場合に、そこで用いられている許可基準が一義的に明確でないとすれば、それを具体化する解釈を、あわせて条例で規定することも、可能だろう。

しかし、枠組的法律とは、この程度の内容でよいのだろうか。もっと大胆に、規制の仕組みも自治体に任せるようにはならないだろうか。もう少し考えてみよう。

さらに大胆に　法律であるから、目的や定義は、全国統一的に規定する必要があるだろう。しかし、目的を達成するための手法まで画一的にする必要があるだろうか。許可制とするか届出制とするか、あるいは、地域限定的に一切禁止とするかは、地域の実情を踏まえて、自治体が選択すればよい。法律は「条例の定めるところにより、……を制限することができる。」とだけ規定することになる。

許可条件なり一般的義務づけなりの違反に対する措置は、どうだろうか。許可という規制態様が条例で規定されるならば、法律では、許可取消に関する規定をおく必要はない。原状回復命令についても、「条例の定めるところにより、……を命ずることができる。」と規定することになる。

国法の二つのアプローチ　国会が法律を制定するのは、国民に対して何かを保障しようと考えるからである。これには、二つのアプローチがありうる。第一は、直接保障方式であり、第二は、自治体を通した間接保障方式である。第一の場合には、①「国の事務」として直営保障するやり方と、②「自治体の事務」とはするものの、法令で詳細な規定を設けて、事実上、国の指示する通りの実施を確保するやり方がある。第二の場合には、「自治体の事務」をつくり、かつ、地域特性に応じた対応を可能にすることになる。

国と自治体をどう同居させる？　法システムをつくることまでが国の役割でありその実施は自治体の役割というものもある。一方、その両者が国の役割というものもあろう。「枠組法」を議論するのは、前者の場合である。全国統一的制度が必要であることが、国が自らの事務として法律を制定する理由である。問題は、「全国統一的」となる制度の範囲である。事務の性質によるとしかいえないが、理論的には、国民の権利保護と福祉向上の要請が強ければその範囲は大きくなり、地方自治の保障の要請が強ければ狭くなるのだろうか。

「法律準則」の逆提示　条例の分析もいいが、「枠組法」のモデルについて、地方六団体が、国に対して「法律準則」を提示してみてはどうだろうか。

3　進んでいるよでいないよで
――都道府県条例における適用除外規定

役割分担の明確化　第一次地方分権改革は、国と自治体の関係以外に、都道府県と市町村との関係も対等化したうえで、それぞれの役割を明確に規定した。地方自治法二条五項によれば、都道府県は、自治体の事務のうち、「広域にわたるもの」、「市町村に関する連絡調整に関するもの」、「規模又は性質において一般の市町村が処理することが適当でないと認められるもの」を処理するとされ、それ以外は、同条三項により、市町村に留保されている。

認めて外す

対等関係ということで、二〇〇〇年四月一日以降の都道府県条例からは、市町村に事務を義務づけるような規定は姿を消しているほか、市町村に配慮した規定もある。そのひとつが、適用除外規定である。典型的には、市町村条例が都道府県条例と同等の内容であると知事が認める場合（あるいは、たんに、そうした条例を制定した場合）に、条例の規定の適用を、当該市町村について、除外するのである。

神奈川県土地利用調整条例

たとえば、神奈川県土地利用調整条例（一九九六年制定）一九条は、「市町村が開発行為等に関して制定する条例の内容が、この条例の趣旨に則したものであり、かつ、この条例と同等以上の効果が期待できるものと知事が認めるときは、この条例は、当該市町村の区域における開発行為等については、適用しない。」と規定する。

開発の適否を判断

この条例は、市街化調整区域や未線引白地・都市計画区域外区域において、県土の計画的利用の観点から、土地利用に関する調整を行なうものである。調整にあたっては、全県的観点から、神奈川県土地利用調整条例審査指針を策定し、開発計画の適・不適の判断基準としている。

広域的事務としての県事務

こうした措置が、どのような意味で県の事務であるかと問われれば、おそらくは、「広域的事務」ということになるだろう。そうなると、一定の地理的空間について県条例の適用を除外するという規定を、どのように考えればよいのだろうか。根本的な疑問が生まれてくる。

論理矛盾!?　県は広域的観点からこの条例を制定したのであって、そうしたことができる自治体は、県しかない。それなのに、市町村条例が「同等以上の効果」を持つというのは、論理的に矛盾するのではないかということである。当該市町村に、広域的役割を担わせることはできない。したがって、適用除外してしまうのは、県の役割放棄ということにはならないだろうか。当該市町村がその行政区域において広域的事務をするわけにはいかないのである。それは、市町村の事務ではない。

それなりに地理的・社会的に連担して展開している複数の市町村が「中域的対応」をして県条例のような仕組みを条例でつくった場合ならば、適用除外が考えられるかもしれない。しかし、適用除外にあたって、そうした条件は付されていないのが、通例である。

競合領域なら両立　もっとも、自治体の事務といっても、県事務であるべきものと市町村事務であるべきものに截然と分けることができるわけではない。競合領域は存在するだろう。そういった領域について県が条例を制定し、そのなかで市町村条例があれば適用除外にするというならば、問題はない。例としては、環境影響評価条例をあげることができる。

協働事務と役割分担　市町村優先は、地方分権のなかで、たしかに重要な方針である。ただ、県の事務になっているものには、それなりの理由があるのであり、適用除外をするかどうか、するとして県の責任をどのように考えるかは、慎重な検討を要するところであろう。土地利用調整については、適用除外制度を設けるよりも、広域的観点からの県の土地利用方針と市町村の合理的な土地利用計画とをすりあわせ、市町村の特性や事情にも配慮して、いわば「協働事務」とするという整理は、どうだろうか。反分権改革的だろうか。

4　一か八かの真ん中に

――事務処理特例条例制度のあり方

事務処理特例制度　国会は、法律によって自治体の事務をつくりだし、その執行権限を都道府県知事に与えていることがある。その権限は、何が何でも知事が行使しなければならないわけではなく、地方自治法二五二条の一七の二は、市町村が処理することも可能としている。「条例による事務処理の特例」である。

旧制度との違い　第一次地方分権改革の前は、旧地方自治法一五三条二項を根拠にして、都道府県からの一方的な委任ができた。しかし、都道府県と市町村の対等性を基本とする新制度のもとでは、都道府県知事は市町村と協議をしなければならず、また、委任された事務に関して知事の包括的な指揮監督を受けることはなくなったのである。当該事務に関して、市町村が条例を制定できる点も、大きな違いである。

第一球目の投げ手　この場合、委任に関する協議についての「第一球」をどちらから投げるかは、ケース・バイ・ケースであろう。ある事務の処理をする能力があり、それができた方がよいと市町村が考えれば、委任の申し出がされることになるのだろう。スリムになりたいと考えれば、都道府県側からの申し出があるかもしれない。

県の事務とされたワケ

ただ、考えてみなければならないのは、都道府県には都道府県の役割があるということである。地方自治法二条五項は、自治体の事務のうち、「広域にわたるもの、市町村に関する連絡調整に関するもの及びその規模又は性質において一般の市町村が処理することが適当でないと認められるものを処理する」と、規定している。

国会は、法律を制定して自治体の事務を創出したとき、それを都道府県の事務とするか市町村の事務とするかの選択の余地があった。都道府県としたのは、地方自治法が規定する役割に照らした判断であったと整理することができるだろう。

まるごと移譲は合理的？

そうしたことを考えると、なるべく多くの事務を市町村にということはあるにしても、当該事務を都道府県がまるごと市町村に渡してもよいものだろうか。一旦は都道府県の事務とされたことを踏まえて、何らかの役割を留保すべきではないだろうか。それは制度の趣旨に反するのだろうか。

県の関心は消えない

たとえば、都道府県の広域性に鑑みて、法律が都道府県の事務としたのであれば、当該事務を市町村に委任するとしても、広域性の観点からの調整的機能は、自主条例を制定するなどして、残存させることが考えられないだろうか。ただ、そうした条例のなかに、市町村に対して指導や助言などをするような規定をおくことはできないために、広域的調整機能にどのような制度的根拠を与えるかが、問題となる。

脱法行為か？

事務処理特例条例の制定にあたっては、協議が行なわれるから、そのなかで、都道府県が別に条例を制定し、委任を受ける市町村に関して広域的連絡調整機能を発揮する旨を規定することについて合意すればよいのかもしれない。しかし、こうした措置は、基本的に事務のすべてが移るとする事務処理特例制度という「強行法規」に違反するのだろうか。

単純すぎる制度　事務処理特例制度は、「一か八か」である。なるべく多くの事務を市町村に移すのが妥当という考えからすれば、移したうえで都道府県の「関与」まがいの措置を創出するのは、とんでもないということになるのだろう。

事務処理特例条例を制定するのは都道府県であるから、現行制度のもとでは、それによって広域的調整機能を都道府県が自己決定によって放棄したといえる。とはいえ、それは、制度上仕方ないからということであるならば、その中間に何かよい仕組みを見つけることは、できないものだろうか。

5　ここにもあった、可能性！
――行政手続条例の分権対応

手続条例進化型　行政手続条例の適用範囲は、条例にもとづく許可・不利益処分・届出、そして、自治体行政のする行政指導である。法律にもとづく許可・不利益処分・届出は、行政手続法の規律事項となっている。

分権時代においても、この整理は、絶対的だろうか。私は、行政手続条例の射程を拡大する二つの可能性があると考えている。それによって、法律にもとづく事項をも含む「大・行政手続条例」を構想することが、できるのである。

法定事務手続をつくる　第一は、法定受託事務と法定自治事務に関する手続である。法律にもとづく事務に関する条例対応は、種々あるが、自治体独自の手続の付加については、これを適法と解する説が多いように思われる。そこで、住民自治拡充の観点から、許可処分にあたっても、処分の根拠法規の目的を自治体においてより十分に実現するための手続を、考えるのである。

裁量的公聴会の工夫　行政手続法一〇条は、公聴会などについて規定する。しかし、それは、「申請者以外の利害を考慮すべきことが当該法令において許認可等の要件とされている」場合に、限定されている。これに対しては、二つの対応が考えられる。まず、この要件を所与としつつ、たとえば、許可案を事前に公開・周知したうえで、公聴会を開催することである。個別処分に対するパブリック・コメント手続のようなものである。

参加資格の制約　もうひとつは、民主的行政運営の観点からの措置である。行政手続法一〇条の規定にもとづき公聴会などに参加できるのは、「当該申請者以外の者」であるが、何人もというわけではない。許可処分取消訴訟の原告適格よりは緩やかではあるが、理論的にいえば、何らかの制約はあろう。

独自の公聴会　そこで、公正・透明な行政運営の確保と的確な説明責任を果たす観点から、行政手続法一〇条の規定とは別に、一般的な参加を認める公聴会を開催するのである。個別法の規定の仕方には、かなり偶然性がある。環境に影響を与える許可にあたっても、個別法において「申請者以外の者の利害を考慮すべきこと」が許可要件として規定されているとは、必ずしもいえない。しかし、行政措置にあたっての環境配慮と市民参画は、多くの環境基本条例が求めているところであるから、自治体の事務に関して独自の手続的対応をすることは、十分に可能である。これは、都道府県事務処理条例により権限委譲を受けた市町村についてもあてはまる。

より自由な法定外事務　第二は、法定外自治事務に関する手続についてである。これについては、より自由に手続を、構想することができる。許可処分にあたっての一般的公聴会はもとより、規則制定や計画策定にあたっての市民参画やいわゆるノー・アクション・レター制度も、規定できるだろう。計画策定などが法的自治事務になっていれば、それについても、対応は可能である。条例手続の対象となる事務を、条例別表に一覧掲載するか条例本文の解釈に委ねるかは、利用者の便宜の観点から、検討が必要である。

いずれの場合においても、許可処分については、審査期間は、長くなるだろう。そこで、すでに設定されている標準処理期間を、合理的範囲で延長することになる。

キメ方をつくる！　このように考えると、行政手続条例の構成は、法定外自治事務と行政指導のみを対象とする現在のものとは、異なることになる。それらについての手続は、より充実した形で存続するとともに、法律にもとづく事務についての手続も、含まれるのである。「広義の行政手続条例」という整理である。注目こそされないが、分権改革後の条例対応として、行政手続条例の改正は、有力な候補なのである。

6　嵐は過ぎた!?
――中央省庁の分権感覚

分権疲れの霞が関　「地方分権改革は、まだその緒についたばかり。」と、いわれることがある。もちろん、これは、改革をさらに推進しようという側からの認識である。

ところが、改革を求められる側にしてみれば、「分権改革は、第一次が最初で最後。」という認識であるような気が、しないではない。霞が関の中央省庁についていえば、政治的な流れに抗しきれずに対応はしたが、「分権には、十分おつきあいした。」というわけである。三位一体改革をめぐる動きなどをみても、そうした感じがする。

悪夢の分権改革?　たしかに、機関委任事務を廃止して法定受託事務と法定自治事務に振り分けるということは、霞が関官庁にすれば、大事件であったに違いない。地方分権委員会関係者の側からは、「膝詰め談判」の大変さが伝えられるが、これに応じる省庁側も、総力戦だったのだろう。「あんなことは、もうたくさん。」と考えるのも、わからないではない。

法令は変わったか?　しかし、第一次地方分権改革は、瞬間的なものではない。その趣旨を実現するため

には、改革の成果を具体的な作業の場面にいかす必要がある。たとえば、地方分権適合的な法令、あるいは、地方分権推進的な法令の制定は、継続的に対応されるべき大きな課題といえる。現実には、どうなっているのだろうか。

総務省でさえ……　実証的な調査はないが、私の断片的なインタビューなどの印象では、「嵐は過ぎた。」というような認識は、中央政府にあって分権を推進する役目をおそらく負っているとされる総務省（旧自治省）についても、あるような気がする。規律密度がきわめて高いといわれる地方自治法を枠組法化するという話は、あまり聞こえてこない。地方自治法二条一一項・一三項が規定する立法原則を踏まえて他省庁との法令協議に厳格なスタンスで臨んでいるという話も、あまり聞こえてこないのである。

クリアな基準がないために　法定受託事務の新設を極力制限することは、地方分権一括法附則二五〇条が命じている。これは、基準がそれなりに明確であるため、チェックしやすい。ところが、法定自治事務の規定の仕方をどのようにするかとなると、クリアな基準がないために、法令協議においては、各省庁の法政策が、優位になるようである。総務省は、自らそうした基準を整備して協議にあたるというようなスタンスではない。地方分権推進委員会を経験したある旧自治省官僚からは、「今の総務省行政課は、当時の熱気が冷めたようなあっさりとした対応をしている。」というボヤキを聞いたことがある。おそらく、法令協議の段階では、遅すぎるのだろう。

昔に逆戻り？　そうなると、気になるのは、法定自治事務という衣をまとってはいるけれども、たとえば、地域特性に応じた対応を自治体ができるように措置せよと求める地方自治法二条一三項を無視したような内容の法律が制定されるのではないかということである。出される技術的助言も、「参考意見」とはいいつつ、内容が詳細にわたり、言い回しも命令的になってくるのではないだろうか。

求められる戦略　何となく「嵐は過ぎた。」と考えている感がないではない霞が関官庁のねじを巻き直し、「未完の分権改革」を推進するためには、どのような戦略が、必要なのだろうか。地方分権改革推進会議のような組織なのか、それとも、より政治に近いところで何かを仕組むのか。先は、きわめて不透明である。

刺激を与えろ！　自治体も、拱手傍観していてはならない。「第一次地方分権改革の成果を最大限活用せよ。」という地方分権推進委員会の「遺言」を真摯に受け止め、地域福祉の向上のために、大胆な法解釈のもとに法定受託事務や法定自治事務に関する条例を制定することが、重要である。法律制定過程に対して、絶えず刺激を与え続けることが、重要なのである。

第2章　自主解釈と条例

1　南国土佐を「初」にして？
――ある分権解釈

判決よ来い！　機関委任事務制度が廃止された地方分権時代においては、法令の解釈も、従来とはかなり違ったものになるはずである。しかし、一部学説の議論はあるものの、学界や行政現場では、分権時代の法解釈が、それほど盛り上がっているようにはみえない。異なる解釈同士が正面からぶつかるような事件が訴訟になり、判決が出されれば、事態は、変わってくるのかもしれない。いずれにしても、今しばらくは、時間を要するのであろう。

高知地裁判決　いささか「華やかさ」には欠けるのであるが、注目される判決がある。高知地判二〇〇二年一二月三日（判例集未登載）は、傍論において、おそらくは、分権改革後初めて、法令の解釈のあり方に関する判断を示したのである。事案は、採石法と森林法にもとづく申請がされたところ、高知県知事が、二年四ヵ月以上も判断を留保していたことに対して、申請者が、不作為違法確認訴訟を提起したものである。

この種の訴訟は、とりわけ行政手続法施行後に多く提起されるようになっているが、被告行政庁の側は、きわめて旗色が悪い。多くの判例と同じく、本判決も、不作為を違法とした。これは、当然の判断であろう。しかし、注目されるのは、その部分ではない。

無理筋解釈　被告知事は、地元町長および町議会が反対していることを採石法認可審査および森林法許可審査（いずれも、法定自治事務である。）にあたって考慮して判断を留保することも許されると主張した。これは、無理な解釈であるが、裁判所は、その主張を踏まえて、以下のように判示したのである。

「わからないではない。」　「被告は、採石法三三条の四及び森林法一〇条の二第二項について、憲法九二条を具体化した地方自治法二条一二項、一三項と整合性を持たせて、都道府県知事が『地域の特性に応じた』対応ができるように解釈すると、都道府県知事は、採石法及び森林法の各条文上列挙されている防災の必要性や第三者への加害の可能性があるなどの典型的な場合に限らず、環境や景観、事業主の地域住民への事業の説明責任などの諸事情からそれと同視しうるような高度の規制の必要性が生じた場合も規制をすることができる旨主張する。〔改行〕なるほど、都道府県知事が施策の遂行に当たり、環境の保全や景観の維持に対する住民の意向に配慮すること自体は理解できなくはないし、採石法三三条の四及び森林法一〇条の二第二項の解釈においてもそれらの事情を考慮することができると解する余地がないわけではない。」

意味ある傍論　傍論であるから、リップサービスという見方もあるだろう。しかし、私には、判決が、地方自治法二条一二項（解釈運用原則）および一三項（法定自治事務に関する立法・解釈運用原則）を憲法九二条の具体化であると理解し、とりわけ「地域の特性に応じて当該事務を処理することができるよう特に配慮しなければならない。」とする後者を踏まえて個別法を解釈する余地があるとしたことは、分権時代の法解釈のひとつのあり方を示したものとして、意味あるものと思われる。法定自治事務を規定する実定法は、必ずしも地方自治法の原則通りになっていないのであるから、明文規定だけをみていたのでは、分権改革の趣旨に適合した解釈運用はできないからである。

ちょっぴり期待はしたけれど

　さて、この判決が確定すれば、知事は、審査を開始して何らかの判断をすることになる。判決は、採石法や森林法が明示的に規定する以外の事情も考慮できる余地があるといっているのであるから、そのような解釈にもとづいていたとえば不認可・不許可処分をすればどうなるだろうか。申請者がその取消訴訟を提起すれば、同じ高知地裁は、どのように判断するのだろうか。……と「楽しみ」にしていたのであるが、二〇〇三年一月に、許認可処分がされてしまった。（不謹慎であるが、）少々ガッカリである。

2　行政代執行と自己決定
――善通寺市環境美化条例・再訪

話題ふりまく善通寺市条例（香川県）善通寺市環境美化条例（一九九九年制定）といえば、地方分権改革以前の時期に、ごみのポイ捨て行為に対して直罰的に過料を科す旨を規定しており、しかも、それを実際に執行したことで有名である。実は、この条例には、もうひとつ、興味深い規定がある。それは、代執行である。

条例にある代執行規定　代執行に関する条例は、次のような仕組みになっている。「空き地の所有者、占有者又は管理者（以下「空き地の所有者等」という。）は、繁茂する雑草、枯れ草又は投棄された廃棄物等を放置して周辺の生活環境を損なうことのないよう、常に空き地を適切に管理しなければならない。」（一一条）が、その規定に違反した者には、市長が指導・勧告をする（一二条）。それに従わない者に対しては、措置命令を発することができる（一三条）が、「市長は、空き地の所有者等が前条の規定による措置命令を受け、履行期限を過ぎてもなおこれを履行しないときは、当該空き地の雑草等の除去を行うことができるものとし、その費用は空き地の所有者等から徴収する。」（一四条）とされているのである。

たしかに、雑草の除去命令などは、命令を受けた本人しかできないというものではない。他人が代わってすることができる義務であるから、行政代執行の対象になる。しかし、その命令が法律にもとづくものであっても条例にもとづくものであっても、代執行の根拠法は、行政代執行法のはずである。

根拠は行政代執行法　条例本則には、行政代執行法との関係は規定されていない。ただ、施行規則に関係規定がある。その場所は、規則本則のなかではなく、六条が規定する第三号様式（戒告書）というように、わかりにくい。そこでは、「なお、指定期日までに履行しない場合は、行政代執行法に定めるところにより市において当該措置を行い、その費用を徴収しますので、申し添えます。」とされている。誤解を与えるような規定ぶりであるが、どうやら行政代執行法にもとづいて代執行するという趣旨のようである。

何を考えてたの？　もっとも、施行規則を詳細にみれば、条例起案者が本当にそのように考えていたのかどうかは、よくわからないところがある。すなわち、代執行令書について規定する施行規則七条にもとづく第四号様式には、「代執行に要する費用は、善通寺市環境美化条例第一四条の規定により、あなたから徴収します。」と書かれているからである。

いずれにせよ、一三条命令を代執行する根拠は、行政代執行法以外には、ありえない。とするならば、一四条は、不要である。あるいは、逆に、「行政代執行法の定めるところにより」という文言を入れるべきであったということになるだろう。ただ、意味があるようにみえる点が、二つある。第一は、代執行に至る要件である。

代執行要件をいじれるか？　行政代執行法は、命令違反だけでは足りず、不履行の放置が著しく公益に反するなどの要件の充足を、求めている。ところが、一四条には、この要件がない。法律では、建築基準法九条一二項や消防法三条四項などが規定する命令の代執行にこうした例はあるが、条例で行政代執行法の特別法的な規定を設けることができるかどうかが、問題になる。

要件の解釈とみる　命令違反だけで代執行に至ることを規定することは、要件を緩和する効果を持ち、結果的に、市長の執行裁量に制約を課すものである。自主条例の履行確保を考える際に、市議会がそのようにすべきと判断したのであるが、条例でそうした措置ができるかどうかは微妙なところがある。できないとしても、「著しく公益に反する」という要件を緩く解したものと、整理できよう。

絶対やるゾ！　第二は、「……徴収する。」として、命令違反があれば、行政代執行を義務的にしている点である。行政代執行法が「……徴収することができる。」としているところを、自治体の判断で市長の裁量権を制約的な方向でコントロールするということであるから、適法ではある。

ひとつの自己決定　行政としては、できるだけ多くの裁量を自らの手に残そうとするインセンティブがあるが、同条例は、条例目的の実現のために、行政権限に枠をはめている。自覚的にそうした措置を講じたのであれば、この条例は、自己決定・自己責任をもとに執行のあり方を考えたもので、分権時代における興味深い事例といえよう。

3　訴訟の沙汰も県次第？

――法令自主解釈権と原告適格

絶望的状況　日本の環境行政訴訟は、「絶望的状況」といわれて久しい。そうした状況を改革すべく、二〇〇四年に、行政事件訴訟法が、大改正された。改革の効果が十分に判例にあらわれることが、期待される。ところで、これまでの環境行政訴訟において、大きな関門として、原告の前に立ちはだかっていたのが、訴訟を提起する資格を意味する原告適格である。たとえば、環境保護団体や開発予定地の周辺住民が、環境破壊につながるような県知事の開発許可処分の取消しを求めて訴訟を提起するのであるが、裁判所は、往々にして、「原告適格がない。」として、救済の道を閉ざしていたのである。以下では、地方分権一括法施行後かつ改正行政事件訴訟施行前という限られた時期についての議論をしてみよう。

行政事件訴訟法九条　裁判所がこのように判断する理由は、行政訴訟のルールを規定する行政事件訴訟法にある。同法九条は、「処分の取消しの訴え……は、当該処分……の取消しを求めるにつき法律上の利益を有する者……に限り、提起することができる」と規定している。

問題は、誰が「法律上の利益を有する」かである。許可処分の場合、申請者は満足しているから、訴えるわけはない。処分に不満を持つそれ以外の者が、問題になる。

裁判所の判断枠組　この点を判断するにあたって、裁判所は、まず、許可の根拠となっている法令、そして、関係する法令をみて、それらが原告の法律上の利益を個別的に保護しているかどうかを考えるのである。最近の傾向として言えるのは、原告が、許可処分によって自らの生命・健康や財産に影響が及ぶ可能性があると主張したときには、原告適格を認めるようになっている。それまでには至らない環境保護の場合は、どうだろうか。

二面関係が基本　日本の法律は、基本的に、県知事などの行政庁と許可申請者としての事業者の二面関係を中心に構成されている。許可処分が環境に影響を与えることがあるとしても、周辺住民の利益は知事が背負って判断するということになっていた。

その結果、許可処分の根拠法令のなかに、周辺住民などの環境利益保護の趣旨を見いだすことは、なかなか難しい。

ヤル気になれば……　ところが、地方分権改革によって、県知事は、法令を独自に解釈することができるようになった。たとえば、法令が周辺住民の保護に関して具体的な規定をおいていなかったとしても、それを否定する趣旨ではないと解釈して、条例を制定し、あるいは、要綱によって、許可処分に先立って公聴会を開催し、その場で、周辺住民の意見を聴取したり、許可申請者と周辺住民に討論をさせたりすることが、考えられる。情報収集のための措置という整理も可能であろうが、根拠法規が保護している周辺住民の利益にも配慮した判断をするためという整理も、可能である。

参加させた効果　そうした整理をしたうえで、一連の手続きを実施し、その結果、許可処分がされたとする。周辺住民にとっては、許可プロセスに参加してそれなりの意見を述べることはできたが、残念ながら、不許可という判断を出させることはできなかった。そこで、取消訴訟を提起する。裁判所は、どのように判断するだろうか。

このような整理をせずに参加手続も整備せず許可処分をした県の場合なら、「周辺住民の利益は法令の保護するところではない。」ということも可能だろう。

原告適格を認める論理　しかし、独自に法令解釈をしたうえで、「周辺住民の利益は法令の保護するところであるから、上乗せ的に手続きを実施している。」という県を考える。もちろん、この場合には、被告となる県知事側は、原告適格では争わないから、争点にはならないのであるが、理屈ではどうなるだろうか。

意味ある独自手続　県知事は、法令の自主解釈によって周辺住民の利益も保護していると考えているのであるから、それが法令の趣旨ということになる。「墓地、埋葬等に関する法律」（墓地埋葬法）の許可取消訴訟におけるある判決（大阪地判平成五年一一月一二日判例自治一二八号七三頁）は、（解釈の妥当性はさておき、）独自手続があれば原告適格判断に影響しうると、考えている。

法律の解釈が県によって異なる結果になるのであるが、それは、地方分権改革が当然に予定していることであろう。「訴訟の沙汰も県次第」である。

4　墓地に入れどたたりなし!?
――横浜市墓地経営許可条例

立入禁止！　立入検査に関して、興味深い規定がある。墓地埋葬法は、許可対象である墓地、納骨堂、火葬場のうち、火葬場のみを、立入検査対象としているのである（一八条）。その結果、反対解釈によって、墓地と納骨堂には、立入検査ができない。立法者は、両所に立入検査をしなくても、同法の目的は十分に達成できると考えたということになろう。

全国初!?　ところで、墓地埋葬法の許可権限を持っている自治体のなかには、最近、条例を制定し、法令では明記されていない許可条件などを規定するところが、出てきている。その際には、墓地と納骨堂に対する立入検査権限を条例で規定するかどうかが問題になるが、先にみた反対解釈ゆえに、ほとんどが消極的に解している。ところが、二〇〇二年に制定された「横浜市墓地等の経営の許可等に関する条例」は、墓地埋葬法では対象外となっている墓地と納骨堂に対する立入検査権限を、正面から規定した。

そもそもの事情　墓地埋葬法の目的は、「墓地、納骨堂、又は火葬場の管理及び埋葬等が、国民の宗教的感情に適合し、且つ公衆衛生その他公共の福祉の見地から、支障なく行われること」である（一条）。「公衆衛生」

という法益が前面に出ていることからもわかるように、一九四八年に同法が制定された当時は、墓地などが不衛生な状態になれば、地下水汚染などの原因となることから、それを防止できる許可基準を設けることが、必要だったのである。

時代かわれば……　しかし、最近では、事情が、異なっている。公衆衛生向上は、依然、必要であるが、それに加えて、とりわけ墓地が「迷惑施設」とされているために、生活環境向上の観点からの対策が、必要となっている。そこで、横浜市条例は、「墓地等の経営が支障なく行われ、市民生活における墓地等の周辺環境との調和を図ること」を、目的としている（一条）。

許可それ自体は、墓地埋葬法にもとづくものである。しかし、同法は、生活環境保全という目的を明確に規定していない。横浜市条例は、墓地埋葬法の施行条例的な機能があるが、法律と目的を完全に一致させているのだろうか。

目的の読み込み　墓地埋葬法一条の「その他公共の福祉」に、生活環境向上（および、明記はされていないが、当然のこととして、安寧・静寂・神聖さの確保）を読み込むというのが、ひとつの解釈だろう。それに対応する許可基準が、条例に規定されることになる。実際、学校・公園・住宅からの水平距離が一一〇メートル以上（約六〇間）とする「墓地の設置場所」（八条）や墳墓数の五％以上の自動車駐車台数確保を求める「墓地の構造設備基準」（九条）は、生活環境保全に資するものである。しかし、そうであるとすれば、墓地埋葬法が規定するように、墓地と納骨堂には、立ち入れないはずである。

それとも、横出し？　墓地埋葬法の目的を横出ししたと考えれば、どうだろうか。そうなると、いわば自主条例であって、その履行確保のための立入検査は、法律とは独立して考えることができるから、墓地・納骨堂への立入りも可能ということになる。ところが、横浜市条例のもとでは、許可それ自体は、墓地埋葬法にもとづき出すことになっているのである。

横浜市条例は、「公衆衛生その他公共の福祉の見地から支障ないと認めるときは、この限りではない。」として、生活環境保全的な基準の適用除外を規定する（九条）。したがって、横出しではなく、やはり「その他公共の福祉」を具体化した条例とみるべきである。

法改正が必要　墓地埋葬法制定時には、生活環境のような法益は、十分に認識されていなかった。公衆衛生だけならば報告徴収だけで足り、立入検査は不要であったが、生活環境保護となると、そうはいかない。そこで、横浜市条例では、立入検査が、規定された。そう理解すべきなのだろうか。しかし、公衆衛生なら不要で生活環境なら必要というのも、バランスを欠く。

墓地をめぐる社会状況は、法律が制定された当時と、大きく変わっている。この際、同法一八条を改正し、国民の宗教感情にとくに配慮することを条件に、墓地と納骨堂への立入検査を、可能にすべきである。

5　北風と太陽？
――条例による措置請求権制度

不動の行政？　産業廃棄物の不法投棄に典型的なように、法律によって都道府県知事に違反対応権限が与えられていても、それが的確に行使できないことは、稀ではない。不法投棄に悩む地元住民からは、「行政に訴えても、あれこれと理由をつけて積極的な動きをしてくれなかった。」という不満が、多く聞こえてくる。

幻想が前提　環境法には、大きな前提がある。それは、「行政は、大体において、法律によって与えられた権限を的確に行使できるはず。」ということである。そうであるからこそ、的確な権限行使ができないことを想定した仕組みが、法律のなかに規定されることはない。しかし、「できるはず」は、幻想なのである。ところが、それが前提とされていないために、住民としては、「適切に権限を行使してください。」と、お願いするしかないのである。

現実をみよ！　環境基本法や環境基本条例のもとで、住民の環境権を保障することが行政の責務と考えられている現在、古典的な発想のままに環境法を放置することには、大きな問題がある。環境権が保障されるために、住民には、適切な行政権限発動を求める権利があるということは、できないだろうか。

より一般的な制度に　二〇〇四年の改正行政事件訴訟法施行後は、権限発動の義務づけ訴訟によって、行政権限発動を命ずる判決を求めることも、考えられる。不法投棄地の近隣住民ならば、状況次第で原告適格は認められるだろう。しかし、違法な活動により格別の被害を受けていないような一般住民に原告適格が認められるとは、考えられない。また、中央政府が行政権限発動請求権という実体権を住民に与えるような制度化をすると考えるのも、楽観的にすぎる。

条例対応の可能性　より一般的な可能性があるとするならば、自治体の条例ではないだろうか。環境基本条例の趣旨を理解し、環境行政における説明責任を重視するような首長のリーダーシップがあれば、制度化も可能なように感じられる。具体的には、どのような制度設計になるだろうか。

その権限が法律にもとづく場合には、機関委任事務時代には、法律に特別の規定がないかぎり、条例で何かの対応をすることは、できなかった。しかし、現在は、第一次地方分権改革によって、機関委任事務制度が廃止され、自治体の事務となった。自分の事務なのであるから、自治体は、独自の対応ができるようになったのである。

知事への直訴!　訴訟をつうじた請求が容易でないことについては、事情は、変わらない。しかし、行政的制度を条例により創設することは、可能である。第一は、知事に対して、法律あるいは条例に規定される監督措置の発動請求権を、条例で規定することである。ただ、情報公開請求とは異なり、請求者に対して、直接に何らかの措置を講ずるわけではない。措置対象は、違反者である。その措置に不満であったとしても、「自己の権利の侵害があった。」として訴訟を提起することは、困難そうである。もちろん、不満な措置に対しては、たとえば、環境オンブズマン制度を設け、そこに苦情を訴えて、必要な場合は知事に勧告してもらうというシステムは、考えられないではない。

説明せよ！　第二は、間接的にプレッシャーをかける方法である。すなわち、監督権限が行使されていない場合（不作為）、あるいは、行使はされているが行政指導に終始しているなど毅然さを欠いていると考えられる場合（不十分な作為）に、「なぜ、そうした状態になっているのか。」についての説明請求権を、条例で規定するのである。この場合には、申請者に対する措置になる。少なくとも、何らかの回答を合理的期間内にしなければ、不作為違法確認請求訴訟や回答の義務づけ訴訟を、提起することができる。

見られているからサボれない　これは、直接に何らかの措置を求めるのではなく、違反の対応について、説明責任の履行を求めるものである。たとえば、不作為でいることに十分な理由があれば、それを示せばよい。しかし、たんに「コトを荒立てたくない。」といった理由で十分な対応をせずにいるのであれば、この制度は、確実に圧力として機能する。「北風」ではなく、「太陽」的な法政策といえるだろう。迂遠かもしれないが、第一の方法よりは、実現可能性が高いようにも思われる。いずれの方法であれ、条例による制度化を、期待したいところである。

6　虎の威を借る狐？
——開発許可基準条例の居場所

三三条は模範生！　地域特性に応じた自治体対応を可能にする仕組みとして評価を得ているのは、都市計画法三三条である。画一的な開発許可基準を条例で微調整する可能性を、認めているからである。

開発許可基準それ自体は、三三条および同法施行令で詳しく規定されているが、同時に、三項は、同条一項に規定される項目について、条例でその制限を強化・緩和できるとする。また、四項は、法令では規定のない最低敷地面積に関する制限を、条例で設けることができるとする。開発許可権限がない市町村の場合は、都道府県知事と協議し同意を得ることによって、この措置が、実現できる。いずれにせよ、こうした「委任条例」を制定すれば、そのかぎりで、法令の基準に代えて独自の基準を適用することが、できるのである。

条例による実現形式　三三条委任条例の制定は、最近、増加しているようにみえるが、どの自治体も、同じような形で条例化しているわけではない。大きく分けると、三つくらいの対応類型がある。

独立型　第一は、「独立型」である。これは、基準のみを規定する条例であり、最もシンプルなものといえる。たとえば、「川崎市都市計画法に基づく開発許可の基準に関する条例」（二〇〇三年制定）は、道路幅員、公園・緑地面積、最低敷地面積などの数字のみを、規定する。

非独立型　第二は、「非独立型」である。この場合、委任条例は、それ以外の事項を含む自主条例の一部となっている。自主条例のなかに、委任条例としての開発許可基準条例が、入っているのである。こうした条例の場合、委任条例のほかにも、たとえば、開発指導要綱の内容を条例化したものが含まれていることが多い。これも、独自のルールを決める自主条例である。たとえていえば、自主条例という「レボルバー」のなかに、委任条例による基準と自主条例による基準という「実弾」が、入っているのである。

この場合において、基準に関する委任条例部分と自主条例部分が、節を別にして、「分かりやすく」整理されているものを、「準独立型」といおう。（神奈川県）「大磯町まちづくり条例」（二〇〇一年制定）は、このパターンである。それぞれが、八章一節と二節に規定されている。分けて規定することに関しては、当時の建設省の指導があったという。

迷彩色型　第三は「非独立型」ではあるが、外観の分かりやすさよりも基準としての一体性に着目して整理したものである。委任条例による基準と自主条例による基準とが、同一の開発行為に対して適用される基準として、いわば「渾然一体に」規定されている「迷彩色型」である。（神奈川県）「鎌倉市開発事業等における手続及び基準等に関する条例」（二〇〇二年制定）では、基準を規定する三〇条以下に、両者にもとづく基準が、混在している。どれがどれかは、条例だけをみるかぎりでは、判然としない。

効果アップの行政指導　こうした条例を、どのように評価すべきだろうか。自主条例基準に違反したとしても、特段の法的不利益を受けないようになっている条例の場合、自主条例基準の遵守は、あくまで行政指導によることになる。ただ、行政指導は法的拘束力がないから、実効性に欠ける。そこで、いずれは法律手続のなかで遵守が義務づけられる委任条例基準を一緒に規定することにより、いわば「虎の威を借りて」、自主条例のルールに従わせる効果がある。ただ、仮にそうした意図で制度設計され運用がされるとすると、行政手続条例の観点から、問題もある。その自治体に法律にもとづく許認可権がある場合には、それを背景にした行政指導の強制にならないともかぎらないからである。

二重規制の批判　鎌倉市条例のように、委任条例基準と自主基準がともに自主条例にもとづく処分基準にもなっている場合には、こうした問題はない。しかし、委任条例基準の位置づけが、若干微妙である。それは、都市計画法にもとづく申請の審査においてもチェックされるから、「二重規制」の批判も、予想されるからである。

手続法的チェック　まちづくり関係条例の制度設計にあたっては、いかに計画適合性を確保するかとか行政指導基準を法的基準にするかなどに、関心が払われる。それも重要であるが、行政手続法制の観点からのチェックも、忘れられてはならない。

7　こんなはずではなかったが……
——規制緩和と地下室マンション

建築基準法のマジック　最近、首都圏の都市部自治体において大きな問題となっているのが、「地下室マンション」である。第一種低層住宅専用地域内の平地には建設できないような「九階建てマンション」が、斜面地ゆえに合法的に建ってしまうのである。なぜ、このような「魔法」が、可能になるのだろうか。

それは、一九九四年と一九九七年の建築基準法改正に、原因がある。前者においては、地下室部分の床面積を容積率計算にカウントしない措置が、講じられた。後者においては、共同住宅の共用廊下等について、同様の措置が、講じられた。いずれも、当時の時代状況を反映した規制緩和措置である。この結果、平均地盤面を複数設けることができる斜面地という地理的条件が整えば、平地における建設に比べて、容積率が三倍にもなるマンションが、可能になったのである。

地上三階地下六階！　先にみた、「九階建て」の事情は、平地の場合とは、異なっている。地上三階プラス地下六階で九階なのである。「地下」といっても、通常の地下とは違って、真っ暗闇の窓無し住居ではない。斜面地に建設されるから、窓もあり、十分に採光は、とれるのである。マンション適地が少なくなった都会に

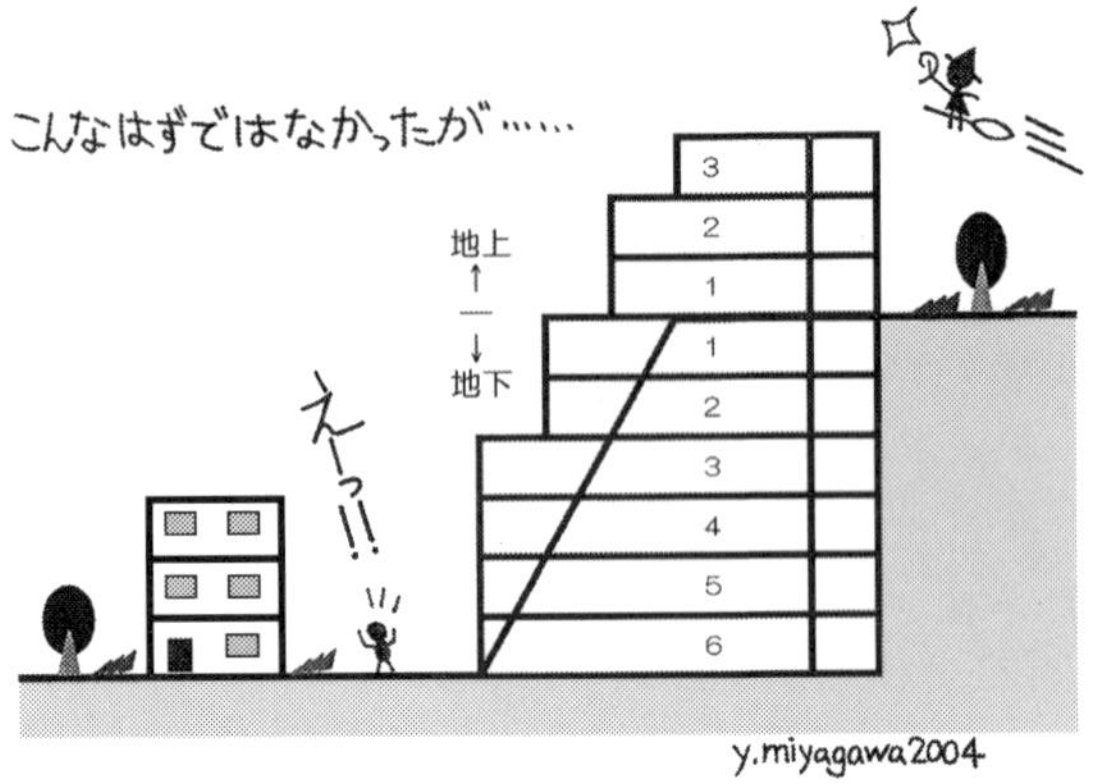

おいては、まさに「錬金術」といってよいだろう。

知ってか知らずか

しかし、こうした状況は、法律改正をした立法者の予想するところでは、なかったようである。国会会議録をみると、次のような認識であったことがわかる。

地下室規制緩和については、基本的に、戸建て住宅に適用されることが想定されており、マンションを念頭においた答弁は、されていない。「地下室」の使途は、収納スペースやピアノ室などであった。地下二階や三階のマンションがあらわれるのではないかという質問もされているが、「実際上はそういうものは建ってこないだろう。」と、答弁されている（一九九四年）。

ところが、その後、そうしたマンションが建つようになり、社会的に問題視されたときには、マンションも想定していたという答弁に変わっている（一九九九年）。しかし、影響の深刻さが増してくると、法の不備ゆえの結果と考えるに至っている（二〇〇二年）。二転三転である。

斜面地は三倍おいしい？

共用廊下等不算入措置については、それによって、容積率が二〇％アップとか五〇％アップ程度におさまると、答弁されていた（一九九七年）。ところが、現実には、三〇〇％の計画も、出現した。

正面からうけとめろ！　緩和措置による特典を駆使して容積率を増加させる行為は、「適法」行為である。建築確認申請が出されれば、確認はおろされることになる。もちろん、自治体としては、自主条例を制定して、その目的の観点から、必要な規制措置をすることは可能であるが、建築確認とは、別の次元である。そこで、より「実効性」を期待する自治体からは、自主条例ではなくて、法律の世界のなかで、そうしたマンション建設を「違法」とする措置が、求められていた。

五〇条条例による対応　地下室マンション問題に悩む横浜市は、二〇〇四年に、建築基準法五〇条を根拠とする条例を制定し、独自の規制を法律の一部とすることによって、この問題に、対応しようとした。建築基準法の改正による容積率緩和制度は、全国一律の基準として設けられたが、同市が低層住居専用地域において良好な住環境の維持・保全に積極的に取り組んできたという経緯を考慮すると、都市計画で定められた用途地域の指定目的を達成するためには、より強力な規制をする必要があると、考えたのである。

五〇条は、「指定の目的のために必要なものは、地方公共団体の条例で定める。」と、規定している。そこで、横浜市は、たとえば、第一種・第二種低層住居専用地域内では、五階以下というように、階数の絶対的制限を予定している。この基準を満たさない計画ならば、建築確認がされないことになる。そのほか、自主条例で、独自の実体規制・手続規制をしている。委任条例と自主条例を一体として運用するという、最近の傾向に沿った制度設計である。

新型・統一条例　国が予想もしなかった展開に対して、法令を自主解釈した横浜市の対応は、隣接する川崎市や横須賀市の政策にも、影響を与えた。調整の結果、同趣旨の部分を含む条例が三市で制定されるという展開になっているのである。「統一条例」の新しいパターンである。

8 これってジコチュー?
――経済活動のスケール・メリットと条例制定権

規制はわが市のために　自治体は、その役割の範囲内で、当該地域に適用される合憲・適法な条例を制定する。その際には、(統一条例なら別であるが、)一般的には、となりの自治体のことまで考えて、内容を決定するわけではない。とりあえず、自分の行政区域内において、公共の福祉の実現ができれば、それでよいのである。結果的に、同種事務に関して、近隣の自治体同士で規制内容が異なる条例が制定されることは、十分にありうる。

広域的活動の場合　廃液を出す工場のように、条例の対象となる活動が、当該自治体だけで完結している場合には、自治体ごとに異なる規制であっても、それほど問題はないかもしれない。ところが、たとえば、法律では規制がされていない残土の処理のように、都道府県域を超える活動の場合には、話は、そう単純ではない。

規制を受ける側から考えてみれば、よくわかる。条例によって、残土の発生から最終処分まで、マニフェストを要求するとしよう。産業廃棄物のように、廃棄物処理法がこれを規定すれば、その内容は、全国同じになる。しかし、それぞれの都道府県が別々の書式を求めたならば、どうなるだろうか。A県で発生した残土について、A県は、ある書式のマニフェストを切ることを排出者に要求する。それが、B県で最終処分されるとする。B県では、搬出・運搬・処分にあたってマニフェストを要求しているが、この書式は、A県のそれとは異なっているとする。この場合、残土の処理にあたっては、二種類のマニフェストが、別の条例にもとづいて求められることになる。求める自治体の側はいいだろうが、求められる事業者の側においては、かなりの手間がかかってしまう。地方分権の推進は支持しつつも、規制内容が全国バラバラになることについては、財界が懸念していたところである。

事業者からみた場合

それぞれの条例を個別にみるかぎりは、問題はないといえそうである。しかし、事業者にとっては、同じ規制であった方が、遵守にあたってスケール・メリットを発揮することができ、よりコストがかからずに同等の効果を得ることができるように思われる。そうした場合、ややマクロ的にながめるならば、（表現に正確さは欠くが、）A県条例とB県条例は、比例原則に反しているということにはならないだろうか。

分権が阻害する合理的規制？

もちろん、条例制定主体は異なっているのであり、比例原則とは、個々の条例についてのみ語られるものであるから、こうした発想は、不適切であるともいえよう。ただ、より効率的・効果的な規制を求める規制改革のメガ・トレンドがあり、それは、憲法二九条二項の求めるところであると整理した場合には、地方分権だけを、至上的に考えることもできない。

県条例の黙示的専占？　そうなると、オール・ジャパンで展開することによってスケール・メリットが最大に働くような規制については、地方自治法一条の二第二項にいう「全国的な視点に立つて行わなければならない施設及び事業の実施」であって、少なくとも、規制の枠組法の制定は国会の立法権に専占されることになるのだろうか。あるいは、第一次地方分権改革が、都道府県を中心にした改革であったことに鑑みれば、市町村ごとの規制より都道府県という単位での規制の方がスケール・メリットが働くような場合には、地方自治法二条五項がいうように、「広域にわたるもの」、「その規模又は性質において一般の市町村が処理することが適当でないと認められるもの」ゆえに都道府県の条例制定権の範囲内にあると考えることになろうか。

自治体をこえた議論を　規制対象事業の性質から、いわばマクロ的観点で条例制定権の範囲を議論することは、あまり多くない。しかし、合理的な規制制度設計を考えるならば、重要な論点のように思われる。

第3章

政策法務と職員研修

1　別れたら別の人？
――異動後の研修・分権担当

わが世の春の政策法務？　毎年、一二月から二月にかけては、自治体の研修担当者が、来年度の研修計画をたてる時期である。政策法務が大流行しているこの数年は、私にも、声がかかることがある。

定番の質問　ところで、依頼を受けるかどうかを決めるときに、私が必ず電話口の担当者に聞くことがある。それは、「どのような研修を期待しているのか。」、「到達点についてはどう考えているのか。」、「なぜ、この時期に政策法務研修をやろうと考えているのか。」ということである。

定番の回答　「先生のご自由にお願いします。」という「講師マル投げ研修」の場合もある。相手方に十分な意識がなく、「とにかくブームだからやっている。」といった感じである。研修生以前に、研修担当者の研修が必要と感じるが、こちらも適当に忙しいので、そうした依頼の場合には、何だかんだと理由をつけて、

原則として、お断りすることにしている。

少し勉強していれば　担当者の意識がそれなりにあると、いろいろと理由をいってくれる。「分権時代にこそ政策法務的発想が必要である。」、「機関委任事務体質から脱却して自分でモノを考えられるようになる必要がある。」、「要綱を条例化するための知識が必要である。」などなど、程度の差はあれ、それぞれの自治体行政の事情を踏まえて、必要性を述べてくれる。

要望をきいてみる　これが、いわば、私なりの「足切り」である。そのあと、メールで、「どのような論点について研修をしてほしいのか。」、「あなたの自治体行政にはどのような課題があるのか。」、「分権改革の後、何か具体的な取組みをしているのか。」などを聞いて、必要な資料を送ってもらい、レジュメ案をつくって送付し、それでよければそれをファイナルにし、注文があれば、案に修正を加えるのである。

離れない疑問　注文の多い研修講師だと思うが、研修担当者は、（仕事だから当たり前であるが、）きわめて誠実に対応してくれる。ただ、こうしたやりとりをしてふと思うのは、「政策法務的発想が重要」とか「分権時代には自己決定が重要」と考え、それを受講生募集案内にも書き、私にもいってくれる担当者は、人事異動で職員研修担当から離れたあとも、高い志（こころざし）を持ち続けてくれるのだろうかということである。

役人は役者？

この点に関する実証研究などないから、実際にどうなのかは、わからない。ただ、正面切って質問をすると、答えに窮する人が多い。お役目がらそのように考えているということなのだろうか。そうであるとするならば、研修担当課と「別れたら別の人」になるような職員の話など、受講生は、真面目には聞かないだろう。

これは、庁内の地方分権担当についても、あてはまるのではないだろうか。まだまだ霞が関や都道府県の担当課との直結意識が強い原課職員の思考方式を何とか変革しなければならないと、分権担当は、考える。そのために、分権推進計画や方針を作成して、意識改革を、呼びかけているのである。

原課の色に染められて

ところが、異動後は、原課の色にすっかり染められて、「補助金・命（いのち）」、「マニュアル行政」に邁進するようであれば、庁内において、「分権担当も所詮お役目でわめいているだけだ。」と、考えられてしまう。話半分にしか、聞いてもらえないのである。

もうひとつの研修成果評価法

このように考えると、現在の研修担当者や分権担当者は、今の仕事を一所懸命することはもちろんのこと、異動後もそこで「身につけた」意識を持って原課で仕事にあたり、原課の意識改革をすることが、組織全体の観点から、求められているということができる。良い意味でのウィルスであり、原課職員に伝染させなければならないのである。それは、現実には、可能だろうか。とくに研修や分権推進に熱心な自治体の様子を、しばらく観察することにしよう。

2　再履修のススメ？
——政策法務研修の効果向上策

研修担当の悩み　職員研修の効果をいかにあげるかは、心ある研修担当にとって、心配の種のようである。しかし、なかなか決定打がない。研修直後に、研修の感想を研修生に書かせたりするが、それっきりになることも、少なくない。

限界ある効果把握　一方、研修講師にとっても、どれくらいのことを学んで仕事にいかしてもらっているかは、関心のあるところである。しかし、せいぜい二日間のおつきあいでしかない受講者をフォローすることは、困難である。個人的には、交換した名刺にメールアドレスが書いてあれば、気が向けばメールして、近況をたずねることもあるが、これまた限界があるのも、事実である。

気持ちはわかるが……　ところで、研修担当との雑談から感じるのは、「受講者全員がある程度のレベルに達してもらいたい。」、「できるだけ多くの職員に受講させたい。」という意識である。担当である以上、このように考えるのは、理解できないではない。ただ、それが「現実的」なことであるかどうかは、少し考えてみる必要がある。

もう一回！
再履修のススメ？
y.miyagawa 2004

研修が苦行に？　まず、「受講者全員をあるレベルに。」であるが、研修講師の側からいわせてもらえれば、これは、無理な注文である。これを実現しようとすれば、護送船団研修ではないが、一番低いレベルにあわせなければならない。そのような研修がどんな成果を生むかは、火をみるより明らかである。優秀な職員は嫌気をさして、二日間が苦痛になる。これでは、研修と言うよりも、「苦行」である。

狙い撃ち！　私自身は、全体の一〇〜二〇％がついてくることができればよいと思っている。研修講師を引き受けはじめた最初のころは、「何としても全員に！」と燃えていたのであるが、不可能なことを考えていると、すぐにわかった。

そこで、最近では、研修をはじめる前に、担当者に、「誰ができる職員か。誰に期待しているか。」を聞き、その人にさりげなく質問をする。研修に同席している研修担当に、そうした人を指名してもらったりもする。もちろん、担当が知らない優秀な職員もいるかもしれない。私は、事前に課題を与えておいて、研修開始時にそれを提出してもらっているから、提出物をさっとみて、おもしろい議論をしている受講生もチェックする。

投資効率の悪い平等主義

次に、「できるだけ多くに機会を。」であるが、この方針を厳格に貫くのは、考え物である。

私は、「再履修」、すなわち、翌年度も同じ研修を受講する職員が何人かいてよいと思っている。もちろん、これは、徴兵制ではなく志願兵制ですべきである。受講者募集の際には、「過去に受講した人の再受講は、歓迎されます。ただし、応募状況によっては、調整をすることもあります。」と、書いておけばよい。初めての人であっても、希望すれば必ず受講できるとはかぎらないのであるから、同じことである。

ヤル気職員に集中投資

「もう一度受講したい。」と思うのは、やる気のある職員である。前年度に受講したことを踏まえて仕事をしてみて、もう一度、受講してさらに発展させようという気持ちを持っている優秀な職員なのである。

理想的シナリオ

こうしたリピーターが、全体の五～一〇％くらいいてもよい。ほぼ同じ内容の研修であっても、確実に理解は深まるし、私が連続して担当する場合には、私自身が、「去年とは少し違ったことを話そう。」という気にもなる。再履修生は、それぞれの部署に戻ったときに、確実に、政策法務的発想で仕事を進める「核」となってくれるだろう。そして、一度でもいいから政策法務研修を受講した職員が再履修生のまわりにいれば、たとえば、「条例づくり」となったときも、両者がうまく協力しあって、仕事を進めることができるのではないだろうか。

3 二段階ロケット方式
――政策法務と法令審査

政策法務が与えるプロセスへの影響

とりわけ、地方分権一括法施行後、自治体においては、「政策法務」という考え方を行政運営に導入しようという動きが、顕著である。政策法務の内容は、いくつかに分けることができるが、その中心的なもののひとつとして、条例の企画・立案がある。いわゆる政策法務研修も、この点に、多くの時間をあてている。

ところで、これまでは、条例案の起案は原課が担当して文書法制担当に審査を求めるというパターンが、一般的であった。政策法務という発想を導入したからといって、このプロセスが、省略されるわけではない。それでは、政策法務は、条例案策定過程にどのような変化をもたらそうと企図されているのだろうか。

横須賀市の取組

二〇〇一年七月に設置された（神奈川県）横須賀市の「政策法務委員会」を、例にしてみよう。政策法務委員会の所掌は、多岐にわたるが、そのひとつに、「条例案の事前チェック」がある。これだけでは、法令審査と変わらないが、チェックのスタンスは、「政策法務的見地から」とされている。チェックの時点は、法令審査の前である。それでは、横須賀市は、何をもって「政策法務」と考えているのだろうか。

異なる眼でみる

横須賀市では、原課の「こんなことをやりたい。」という「政策らしきもの」について、憲法の観点からみて問題はないか、市の基本的方針に適合しているか、他の選択肢との関係で適切かなどを、各課から出ている職員集団が検討するとしている。最終的には、条例という形になるのかもしれないが、それに対して、早い段階から、いわゆる「てにをは審査」をする法令審査とは異なった広い視点でアプローチするのである。

ボトルネックをつくる

原課と法令審査担当だけだと、どうしても視野が狭くなり、分権改革の成果を十分にいかした法政策が実現できない可能性がある。それを回避すべく、組織の意思決定のなかに組み込まれた政策法務の考え方は、自治体の政策を自治推進的にするための「ボトルネック」といえるのである。

計画アセスと事業アセス

ところで、環境アセスメントには、計画アセスメントと事業アセスメントがあるとされる。開発計画が固まったあとでその環境影響を調査・評価して影響緩和策を考えるのが、事業アセスメントである。しかし、案が固まったあとでは十分な対応ができないことから、より早期の計画段階から環境配慮を組み込もうという発想にもとづいて、計画アセスメントがされるようになってきた。二〇〇二年に改正された東京都環境影響評価条例は、ひとつのモデルを提示している。

二枚腰の対応

政策法務と法令審査の関係も、これになぞらえて整理することはできないだろうか。すなわち、文言のチェックよりもはるかに広い視点から自治体政策を法政策にするような作業をするのが、政策法務である。その作業を経たうえで、視点は狭いけれどもより詳細な詰めをするのが、法令審査である。このような二段階ロケット方式によって、条例案が、確定するのである。

よるべき指針を

事業アセスメントの場合には、詳細な技術指針や審査指針がある。法令審査の場合には、

『法令執務の手引き』のような書物が、これにあたるだろう。これに対して、計画アセスメントの場合には、より広い観点からの評価がされる。長期構想・総合計画や環境基本計画が、踏まえられるのであろうか。

政策法務は計画アセス　条例案策定過程における政策法務対応は、まさに計画アセスメントである。評価の基準となるのは、たとえば、自治基本条例、自治基本計画・自治推進計画、条例制定の基本指針といったものになろう。それなりの長期的視点から策定され、かつ、全自治体的効力を持つこうした基準に照らして、条例構想が、チェックされる。この作業には、横須賀市政策法務委員会のように、全庁的関与が可能な組織があたるべきである。

4 「79へぇ」？

行政手続条例って知ってる？　「トリビアの泉（政策法務バージョン）」があったとして、そこに出演した五人の行政法学者の品評会メンバーは、次の「トリビア」に、どのくらいの「へぇ」を投じるだろう

か。

『自治体職員の四二・五%は、自分の自治体に行政手続条例があることを知らない。』

「37へぇ」くらいは、出そうである。行政手続法制は、いまや、行政法総論の柱のひとつとなっており、学生に対しても、それなりに力を入れて教える部分であるから、当の地方公務員が、その存在を「知らない」というのは、ちょっとびっくりなのである。

それでは、これは、どうだろうか。

それでは、その内容は？　『制定されていることを知っている職員でも、その内容を最低二つあげられるのは、二〇・一%にすぎない。』

きっと、「58へぇ」は、いくだろう。「存在を知っている人」と「内容を知っている人」をかけあわせれば、何と一一・六%になってしまうのである。「その趣旨を踏まえて、適法な業務遂行ができる人」となれば、ひと桁になることは、間違いない。このように示されると、「79へぇ」は、かたいだろう。

この数字、実は、県と市町村の職員研修の場でいきなり質問した結果である。たとえば、市町村アカデミーのように、選抜されて来ている職員に同じ質問をした場合には、存在や内容を知っている人の割合は、格段に多くなっている。それでも、「その趣旨を踏まえて、適法な業務遂行ができる人」となれば、まだまだ少ないような印象を受ける。

無免許職員？

行政手続法と行政手続条例の内容を理解して市民サービスにあたるというのは、当然のことのように思われるが、現実には、そうではない。行政手続法制とは、権限行使にあたっての「お作法」である。その理解が十分でないというのでは、市民・事業者にとって、危険きわまりない。「道路交通法はよく知らないが、事故は起こしたことがないタクシー運転手」のようなものである。そんなタクシーに、職員は乗ろうと思うだろうか。しかし、市民には、職員を選択する余地はないのである。

行政手続法制研修は必修に

政策法務研修が隆盛をきわめるその裏側で、行政手続法制研修は、ほとんどといってよいほど、されていない。ぜひとも実施するべきである。独立してするのが無理であるとしても、それが政策法務の基礎的知識であることを踏まえて、行政手続法制を含めるべく、政策法務研修の内容を企画すべきである。条例づくりだけが、政策法務研修なのではない。基礎の弱い土台の上には、しっかりとした政策法務を築くことなど、期待できないのである。

5　本務ニアラズ？
――法律づくりと条例づくり

法律づくりは勲章！　（ちょっと古いが、）城山三郎『官僚たちの夏』に代表される「官僚モノ」のなかでは、法律の制定に向けて、関係省庁や業界と激しい交渉をする霞が関官僚の姿が、描かれている。「法律をつくることは、官僚にとっての勲章だ。」といった発言も、紹介されたりする。霞が関官僚は、新規立法にせよ一部改正法にせよ、とにかく法律を制定することを、ポジティブに評価しているようである。

正反対の自治体職員　一方、自治体職員はどうだろうか。国民にとってみれば、「同じ役人」なのであるから、同じ思考・志向を持っているようにも、推測される。しかし、私のつきあいの範囲でみれば、現実は、まったく逆である。一部の例外はあるだろうが、総じていえば、「条例づくりなどメンドクサイから、できればかかわりたくない。」という認識である。一体、なぜだろうか。すべてを説明するものではないし、相互に矛盾しないというわけでもないが、関係者へのインタビューを踏まえて、二つの観点から、整理してみよう。

何が評価されるか？　第一は、人事評価基準の違いである。自治体では、条例づくりに頑張るような人が評価されるようには、なっていない。なるべく高率の国の補助金を取ってくる人、あるいは、調整や根回しに

定例？
常礼？
ジョーレイ？
本務ニアラズ？
y.miyagawa 2004

長けた人が、評価される。「条例づくり」というのは、「採点項目」には、入っていないようである。

これに対して、国においては、たとえば、他省庁と議論をして権限拡大を実現した人が積極的に評価されるという人事慣行がある。出世意欲は誰にでもあるだろうから、こうした基準が明確に存在すると、その方向に努力するインセンティブが、確実に発生する。結果的に、違った方向での行動が、もたらされるのである。

所属は省庁　これは、ひとつには、分担管理原則を基本とする内閣の構造にも、起因しているだろう。すなわち、予算拡大や権限拡大は、他省庁との競争に打ち勝ってはじめて実現されるものであるから、「戦闘的」になるのは、必然的といえる。政策を現実のものにする法律制定は、省庁という行政組織にとっては、必須のものなのである。国家公務員ではあるものの、中央官僚には、国の職員というよりも省の職員という日常的自己認識があり、他省庁との間の積極的権限争いを、厭わないのである。

また、法律が制定されると、そこで規定される基準などに関して関係外郭団体ができ、組織にとっての天下り先の確保につながるという面もある。

所属は県庁　これまでは、「政策は国、実施は地方」という意識があったといわれる。こうした構図に長年慣れてきた自治体職員には、条例を通して政策を実現するという認識が、十分にはないのであろう。また、県に入ったのであって商工部に入ったというわけではない。消極的権限争い（おしつけあい）はするかもしれないが、庁内での積極的権限争いには、ネガティブになるだろう。

あとはよろしく　第二は、仕事が増えることに対する認識の違いである。中央官僚は、その法律を実施するにあたって、現場でどのような仕事がどのように増えるかということには、あまり関心がないように思われる。自治体職員からは、「机上の空論」と揶揄されるところである。とくに、機関委任事務時代には、「ボクつくる人、キミうごかす人」だったのである。

天にツバする　自治体職場には、「ただでさえ忙しいのに、これ以上、余計な仕事はしたくない。」という意識がある。中央官僚とは違って、条例を制定すればその実施も担当しなければならないのである。そうした認識があるところでは、公共の福祉の向上というタテマエはさておき、条例をつくるというのは、「自分で自分の首を絞める」面がある。第一線の自治体職員には、条例をつくったらどうなるかが、直感的に分かるのである。トップ・ダウンの指示があったり、何らかの問題が発生していたりすれば別であるが、それ以外では、条例化には向かわないということになる。

マジになれ！　地方分権時代になって、条例づくりに対する積極的な姿勢が、徐々にではあるが、自治体にみられるようになっている。しかし、これは、まだまだタテマエの段階のように思われる。条例づくりを「本務」と認識し、豊かな地域づくりをめざして住民のために汗を流すという意識になるには、もう少し時間がかかるだろう。

第4章 規制システムの制度設計

1 「おいしい部分」のつくり方
——法律学的発想と経済学的発想

学問かわれば…… 学問が異なれば、制度に対するものの見方も、異なるものである。たとえば、法律学的発想と経済学的発想とでは、どのように違うのだろうか。許可制について、ややモデル的にではあるが、少し考えてみよう。

法律学の発想 「個人の自由な活動に委ねておけば社会的な問題が発生するから、一定の基準を設け、それに適合するかどうかを行政が審査する。パスしたらその活動ができるようにすれば、問題は起こらない。だから、許可制は必要である。」。法律学は、このように考える。

経済学の発想 「活動をする人に対して、市場への正確な情報の提供を義務づければ、それをもとにして、あとは人々が選択をする。自分にとって有害な結果をもたらすような人とはつきあわないから、問題は起こらない。だから、許可制は不要である。」。経済学は、このように考える。

この表現には、「行政の利用」と「マーケットの利用」という、両者の発想の違いが、よくあらわれている。もう少し深く比べてみよう。

質の瞬間的保証　法律学的発想では、許可時点でその人の品質保証がされていると考える。「質の瞬間的保証」である。許可の後は、その人が基準以下になっていれば、命令が出されたり許可が取り消されたりする。いずれにせよ、スタート時点で、適切な質のサービス供給ができることを、行政が、保証するのである。したがって、許可のない行為は、違法になる。許可制は、「資格試験型」と「参入規制型」に分けられる。前者であれば何人でも合格できるかといえば必ずしもそうではなく、基準が高ければ、実質的に、後者のようになってしまう。

「入り」をチェック　規制法は、こうした発想にもとづいて制度設計されることが多い。制度を動かすときにある程度の結果が確実に予測できないと、制度を提案する側としても心細くなるから、「適切な基準にもとづく許可制」は、とりわけ行政にとっては、「安心できる制度」なのである。

大切なのは正確な情報　経済学的発想では、どうだろうか。おそらくは、法律学的発想のように、「適法に行為できるかどうか。」ということに、それほど関心を払わない。法律学的発想では、許可制は、最低基準のクリアを保証するが、それ以上の質については何も語っていないし、よりよい質を目指して行動することは、制度それ自体の効果としては、考えられていない。

これに対して、経済学的発想では、社会により多くの効用をもたらすことができるように、よりよい質を目指して行動するようにすることが適切と考える。なぜよりよい質を目指して行動するかといえば、そうすることがマーケットで評価されて、その人の利益にもなるからである。より多くの人がマーケットに入ってくれば、よりよいサービスが供給される。それほどよくない人は、消費者が嫌う。その判断が適切にできるように、情報制度を国家的に整備すればよいと考える。

決定者はマーケット！　良いか悪いかを国家が固定的・一律的に決めるのではなくて、マーケットが（ある程度の時間をかけて）決めると考えるのである。消費者は受動的に選択するのではなく、能動的に選択する。

「いずれそうなる」　経済学的発想は、「可能性の世界」である。「いずれそうなる（かもしれない）」けれども、制度をスタートさせた時点でそうなっているわけではない。

これに対して、法律学的発想は、供給するパイの量は国家が決定しようと考えるのである。そのパイの「おいしさ」は、中心部であろうと周辺部であろうと、原理的には、同じである。

大きく焼けば……　ところが、経済学的発想は、パイの大きさを大きくしようと考える。大きくしたパイも固定的なのではなく、そのなかで、たえず構成部分が移動している。よりおいしい部分が中央部に集まってくる結果、そうでない部分は周辺部に追いやられる。どの辺が変わり目なのかはファジーであるが、そこは、提供されている情報をもとにして決めればよいということになる。

ベスト・ミックス？　「おいしい中央部」について同じ大きさを想定した場合、法律学的発想と経済学的発想のどちらが、よりコストが少なくそれを実現できるのだろうか。はじめは前者を利用し、そのうち後者に移行するのだろうか。規制改革の発想は、このようなものかもしれない。

2　瞬間最大満足？
――同意制と行政の責務

意外に難問　「なぜ、同意制が必要か。」に対する回答は、簡単なようでいて、結構難しい。産業廃棄物処理施設設置許可に際しての同意制については、「紛争の防止・回避のため」、「地域調和型施設の実現のため」、「許可基準が不十分なため」、「悪徳業者をふるい分けるため」、「情報を早期に提供するため」といった理由が指摘されることがある。

その場しのぎ？　それなりに説得力のある説明であるが、どうもしっくりいかずにいる。それは、おそらく、理由にあげられているような状態が、その後も継続する保障がないからなのかもしれない。

施設許可にあたって、地元同意があれば、たしかに、外見的には、「紛争は回避された。」といえる。許可基準が不十分だから、地元の要求に応じて、上乗せ的な基準への適合に業者が同意した場合には、施設設置の際に、「より安全」な施設が実現はする。ただ、それは、極端にいえば、「その瞬間」だけのことなのである。

複雑な問題構造　同意が調達されて知事が許可をし、施設が建設され操業された後、施設が原因の紛争が発生しないかといえば、そんな保障はない。立地に関する紛争がとりあえず回避されただけなのである。上乗せ的基準をクリアした施設はできはするが、操業において問題を発生させないわけではない。

みんなハッピー？　このように考えると、主として要綱にもとづいて求められている同意取得というのは、結局は、「廃棄物の処理及び清掃に関する法律」（廃棄物処理法）のもとで許可権限を与えられている知事が、許可をスムーズにするためということになろう。同意は任意であるから、地元住民が同意をするのは、業者との交渉によって、それなりの満足が得られたからである。業者も同様である。住民に足もとをみられてあれこれふっかけられたのかもしれないが、そうした要求に応じたというのは、そうすることにより立地が可能になるという点で、満足が得られるからである。

行政が一番ハッピー！　そして、満足は、行政に関してもある。知事は、紛争がなくなっている状態で、安心して許可をする。処理場が確保できてそれに関する反対もなくなっているという点で、これまた満足なのである。後になって地元住民が当該施設について問題をみつけたとしても、許可取消訴訟の出訴期間は過ぎているのが、一般的であろう。民事訴訟を提起するとしても、被告となるのは、業者である。

瞬間最大満足　このように、関係者の「瞬間最大満足」を達成するのが、同意制とはいえないだろうか。生活環境保全に関して、廃棄物処理法が必ずしも十分な仕組みを提供していないことから、同意制には、自治体の「自衛的機能」があると説明されることがある。しかし、その後のことを考えると、やはり何とも無責任な対応なのである。「いい目をみるのは許可時の行政だけ」といってもよい。地元同意金を支払った業者にすれば、行政に対して、「補助金寄こせ。」といいたいところであろう。

同意制を維持するならば　同意制を維持している自治体は、依然多いが、それが「瞬間最大満足」をもたらすものにしかすぎないとすれば、同意の後のことも、考えるべきであろう。第一は、現行法のもとでいえば、監督権限の的確かつ厳格な行使である。第二は、地元住民と業者の間で合意された内容を、知事も入った三者協定にすることである。

高見の見物？　同意制は、業者に対して、かなりの負担を強いる。それと同時に、業者との交渉を余儀なくされる住民に対しても、かなりの負担を強いるのである。そうしてなされた合意に関して、知事は許可をするだけであとは知らんぷりというのでは、フェアではない。同意された内容が、そして、同意にかける地元の期待が実現されるような措置を講ずることが、求められているのである。

3　ボクのボタンはキミが押せ！
――産業廃棄物処理施設許可の附款

許可の条件　法律のもとで許可が与えられる場合、あれこれと附款が付けられることがある。許可の効力の始期や終期を規定する「期限」や占用料納付を命ずる「負担」は、よくみられるが、「条件」とよばれるものもある。会社の成立を条件として会社の発起人に道路占用許可をするといったことが、典型例としてあげられている。この場合は、その条件の成就は、許可を受けた人の対応いかんにかかっている。条件で求められたことをやるかやらないかは、その人の自由なのである。

他力本願？　ところが、許可を受けた人ではなくて、それ以外の人の対応に許可の効力の発生をかからしめるような実務運用がされることがある。廃棄物処理法のもとで、産業廃棄物最終処分場許可処分に関する二つのケースをみてみよう。

富津市のケース　第一は、（千葉県）富津市において計画された産業廃棄物安定型処分場の許可申請に対して、千葉県知事が一九九八年一二月に許可をした事例である。本件については、かねてより地元が一致して反対をしていたところ、千葉県知事は、許可の条件として、産廃業者に対して、着工までに富津市長との環境保全協定締結と林道使用についての市長承諾を求めた。ところが、その履行がないまま業者が工事着工をしたために、知事は条件違反があったとして、許可を取り消したのである。

そこで、産廃業者は、厚生大臣（当時）に、審査請求をした。厚生大臣は、「当事者でない人の意思に係わる条件は違法」として請求を認容し、二〇〇〇年三月に、取消処分を取り消す裁決をした。その後、本件は、民事訴訟によって、争われている。

阿南市のケース　第二は、（徳島県）阿南市において計画された産業廃棄物管理型処分場の許可申請に対して、徳島県知事が一九九九年三月に許可をした事例である。本件についても、地元では激しい反対運動があったが、富津市の事例と異なるのは、阿南市が水道水源保護条例を制定していたことである。同条例は、水源保護地域を設けて、そこにおける規制対象事業場の立地を禁止していたが、知事は、当該処分場が規制対象事業場と認定されないことなどを条件として、許可処分をしたのである。

産廃業者は、許可条件ではなくて、条例のもとで規制対象事業場と認定したことの取消を求めて出訴した。徳島地裁は、請求を認め、二〇〇二年九月に、条例が廃棄物処理法違反であることを理由に、認定処分を、取り消したのである（徳島地判二〇〇二年九月一三日判例自治二四〇号六四頁）。

ここで考えてみたいのは、取消裁決や取消判決それ自体ではない。議論したいのは、いずれの場合にも、許可の条件として、実質的には、当該処分場を受け入れてもよいとする市長の判断を求めていたことである。

なぜ市長に決定権が？　知事の許可処分に際して、地元市町村の意向をまったく考慮しなくてもよいということはない。公衆衛生や生活環境に影響を与える可能性のある施設であるから、地元環境を熟知する市町村の意見を求めるのは、むしろ当然といえる。

しかし、それを踏まえた最終判断は、あくまで知事がすべきものであって、許可の効力を第三者の判断に委ねるのは、おかしいともいえる。効力発生のボタンを市長に押させているようなものである。

正面から取りこめないか？　とりあえず許可をしたのであるから、当該施設は、法的基準をクリアはしていた。知事は、上乗せ的基準が必要であるがゆえにこうした対応をしたのだろうか。地元合意形成を重視したのだろうか。いずれも、廃棄物処理法にはインプットされていない発想である。しかし、そこには、何かしらの「真実」が潜んでいるようにも感じられる。

県知事許可のなかでいかにして市町村の事情を反映するか。法定受託事務とされている産業廃棄物処理施設許可事務のなかで、県と市町村との役割分担の違いと対等関係を踏まえた制度設計はないものだろうか。

4　「プロセス主義」から「結果主義」へ
——行政の情報請求と事後処理

独自の報告義務づけ　廃棄物処理法一八条は、行政が、報告徴収をすることができる旨を規定する。ところが、それでは適正処理確保のために不十分と考える行政は、積替保管施設を有する収集運搬業者や中間処理業者に対して、廃棄物処理条例にもとづいて、独自の報告制度を設けることがある。

報告項目としては、施設への搬入・搬出実績、搬出入車両、保管状況、処理実績、残渣の最終処分先、電子マニフェスト導入状況、施設稼働時間、搬出入車両通行ルートなどがある。これらを把握することにより、効果的な立入検査を行ない、的確な行政指導をつうじて、一層の適正処理を確保しようというのである。

その後の行政対応　廃棄物処理法との関係では、横出し的な対応をしているのであり、それはそれで、結構なことである。しかし、気になることもある。それは、より以上の報告を求めた後の行政対応が、適切にされているかどうかである。

「何かはしている」　一般に、行政は、「プロセス主義」である。すなわち、不作為でいると「何もしていない。」と批判されるために、「何かをしている。」ことを重視はするが、それによりどうなったかについては、あまり関心がないのである。この傾向は、議会についても、あてはまる。

積んどく処理？　横出し的なことを求めるのは、そうすることが、自治体にとって、重要であるからである。とするならば、法定項目以外の項目について報告を求めた後の行政対応も、当該自治体にとっては、同じく重要なはずである。

しかし、行政は、業者に一方的に求めるばかりなのが通例で、自分たちのパフォーマンスについては、頭が回らないことが、少なくないように思われる。報告はさせるものの、データは積んでおくだけということも、珍しくない。

集めた責任　行政は、もっと「結果主義」に立つべきである。「何をしているか。」も大事であるが、「それによりどうなったか。」が、より重要なのである。

法律以上の対応を業者に義務づけることは、それでよい。そうした以上は、それが確実になされているかどうか、そうなっていない場合には行政が的確な対応をして制度の目的通りの成果を得ているかどうかを市民に公表してその批判を仰ぐことも、同時に義務づけられると考えるべきである。

フェアなアカウンタビリティ

事業者に対して自身の事業なり開発計画なりの説明を市民や行政にさせることを、行政は、重視するようになっている。「事業者の説明責任（アカウンタビリティ）」というキーワードが、よく用いられる。しかし、相手方に一方的に求めるのみでは、十分に政策効果があがらない。行政自身も、事業者の行動を受けての対応状況を説明する。これが、フェアなアカウンタビリティというものであろう。

行政の情報提供義務

先に示した例でいえば、廃棄物処理法が求める以外の情報の提供を受けた行政は、以下の点についての情報を公開すべきである。①提出を求めた情報、②提出を受けた情報（企業秘密に関するものは開示できないが、それ以外は、公表する。）、③その情報の評価（どのような基準でどのように評価したのかを示す。提出を受けても積んでおくだけという現場が少なくない。）、④その評価を踏まえての行政対応（行政指導から条例にもとづく行政処分まで、選択できる手法は、多様であり、その選択は裁量に任される。）、⑤相手方の反応（行政対応を受けて相手方はどのような措置を講じたのか。）、⑥行政対応の評価（すぐに効果が現れる場合もあるし時間がかかる場合もあろうが、後者の場合には、継続的な対応の内容を公表する。）。

苦労は自治体のために

このようなフォローが求められるのは面倒という反応が、行政から出るかもしれない。しかし、産業廃棄物行政は、行政のためのものではなく自治体全体のためのものである。事業者にそれなりの負担を課すならば、行政も結果主義になってほしいと思う。

5 越えたぞ一線！
——沼南町環境条例

なくならない同意要綱　産業廃棄物処理業と同処理施設は、廃棄物処理法のもとで、知事の許可制になっている。この制度は、何度もの改正を受け、厳格化の方向で「進化」してきてはいるけれども、自治体現場では、なお紛争が絶えないのが、実情である。このため、とりわけ処理施設設置に関して、要綱を制定して、一定範囲の住民の同意の取得を行政指導する都府県は、多くある。

義務づけは憲法違反　同意の取得は、あくまで行政指導である。それを条例によって法的に義務づけると、結果的に、自己の財産の使用収益に関して、住民に「拒否権」を与えることになるから憲法違反となるというのが、常識的な考え方である。ところが、事業に対する同意を正面から法的に求める条例が、制定された。

持込み一切禁止！　二〇〇二年三月、（千葉県）沼南町は、公害防止条例を廃止して、新たに、沼南町環境条例を制定した。この条例は、いわゆる環境基本条例的な理念規定のほかに、特定施設の設置届出制なども規定するが、最大の特徴は、廃棄物規制にある。

まず六四条は、「何人も、町内に廃棄物を搬入し、法令等に違反して埋積又は処分を行ってはならない。」

あ゛！
越えたぞ一線！
同意
義務づけ
y.miyagawa2004

と規定する。さらに、六五条は、「何人も、町内において新たに産業廃棄物処理業等の許可を受けて事業を行うことはできない。ただし、町長が必要と認めるときは、この限りではない。」とする。そして、不作為の義務づけ違反に対し、六七条は、「町長は、……必要な警告を発し、又はその中止及び現状回復等の必要な措置を講ずることを命ずることができる。」とする。この命令に違反した者は、七四条で、「一年以下の懲役又は五十万円以下の罰金に処する。」とされるのである。

法令違反の堆積・処分は、沼南町条例によって禁止されるまでもなく、たとえば、廃棄物処理法の処理基準違反であるから、六四条のこの部分は、確認規定である。これに対し、一切の搬入禁止は、この条例が創設した規範である。自社処理であっても委託処理であっても同様ということだろうか。命令で明確になるということだろうか。

許可されてもダメ！　興味深いのは、六五条である。これによれば、千葉県知事の許可を受けたとしても、沼南町では営業ができないことになる。最終処分・中間処理はもとより、収集運搬であっても、沼南町には入れないのであり、まさに「産廃退治条例」である。

同意があれば別だけど……　もっとも、町長が認めれば事業を行なうことは可能となっている。規則二二条一項は、その基準のひとつとして、事業予定地境界から二百メートル以内の居住者および百メートル以内の土地所有者全員の承諾が得られた場合を規定する（コトの重要性に鑑みれば、条例本則で規定すべきものであろう。）。

ところが、承諾が得られなければ、適用除外措置を受けられない。すなわち、知事の許可を受けても操業ができないのである。一定の住民に、拒否権を与えることになっている。

知事許可を得た処理業者の事業を一切禁止するとともに、周辺住民の同意取得をここまで正面から法的に義務づける条例は、珍しい。まさに、「一線を越えた条例」ということができよう。しかし、この条例は、適法だろうか。

やはりやりすぎ　知事許可を得た者について、町長が認めれば事業ができるというのだが、そもそも搬入禁止なのにどうやって事業をするのだろうか。町内発生産業廃棄物だけを処理することになるのかもしれないが、契約自由の原則の過剰規制であり、営業の自由の過度の侵害であろう。廃棄物処理法の目的実現を阻害するという点で、違法である。別の効果を考えての条例だとしても、全員の承諾という同意制の義務づけは、憲法違反である。

本条例の含意　沼南町役場と議会は、どのような理由をつけて、この条例を適法と主張するのだろうか。「違法承知で自衛的に制定した。」のかもしれないが、そうだとしても、条例制定権の濫用と評されても仕方ない。あるいは、知事の許可権限行使や監督処分権限行使が的確に行なえないことが理由であれば、現行法制度に対して大きな問題を突きつけているともいえる。

6 告発してみてッ！
――ペット施設条例と罰則付き同意制

同意義務づけ条例　自己の土地利用に関して他人の同意取得を法的に義務づけるような制度は、憲法違反と考えられてきたが、最近、「同意制」を法的に制度化する条例が、目につくようになってきた。二〇〇三年六月に制定された「(新潟県) 柏崎市ペット葬祭施設の設置等に関する条例」も、そのひとつである。同条例の目的は、「ペット葬祭施設の設置及び管理が適正に行われるための措置を講ずることにより、公衆衛生上住民に与える不安を除去し、もって周辺住民の生活環境の保全に資すること」である（一条）。規制対象となるのは、ペットの火葬施設・納骨施設であり、許可制となっている。

許可基準で同意を要求　条例の最大の特徴は、許可基準として、「ペット葬祭施設の設置に係る土地の隣接土地所有者及び地元町内会の同意を得ていること」(六条二号)、および、「その他市長が必要と認める事項」

（六条六号）のひとつとして、「影響を受けると予想される水利組合、農業団体等の団体がある場合は、その者から同意を得ること」（「柏崎市ペット葬祭施設の設置等に関する条例の施行に関する要領」に規定される審査基準）が規定されている点である。同意がないと許可されないのであれば、同意を求められる関係者には、まさに、「拒否権保持者としての市民参画」が、保障されることになる。地元町内会の同意については、「所属世帯の過半数」でよいと特に規定されていることから（施行規則五条）、それ以外の場合は、全員同意が求められるのであろう。

罰金によるサンクション

無許可設置に対しては、使用禁止命令が出され（一七条）、その違反に対しては、公表（一八条）および五〇万円以下の罰金（二〇条）となる。こうした法的措置が予定されているところからみると、同意取得が、たんなる行政指導であるとは思われない。同じような仕組みは、ほかのペット葬祭施設条例にもあるが、罰則まで規定したのは、最初だろう。

墓地埋葬法にはない仕組み

規制の仕組みから想起されるのは、墓地埋葬法である。ペットの火葬場や納骨堂は、同法の対象外である。そこで、柏崎市は、「ペット版墓地埋葬法」を制定したのかもしれない。

許可制を採用する墓地埋葬法のもとでは、周辺住民の同意を許可基準とすることは、考えられていない。条例別表が規定するように、「市街地の風上に立地するな。」という基準もない。そうなると、形式的にみる限りは、墓地埋葬法との関係で横出し規制的対応をするこの条例は、比例原則に違反するという評価もされそうである。柏崎市において、ペット葬祭施設が、通常の火葬場・納骨堂以上に問題となっているなら話は別であるが、そうではないとすると、高知市普通河川管理条例事件判決の判例法理との関係が、気になる。

真に危険なら立地禁止

もちろん、実質的にみれば、財産権の行使を他人の拒否権にかからしめるという同意制それ自体の適法性が、問題になる。真に危険な施設ならば、立地禁止にすべきであり、危険の引き受けを民民契約に委ねるべきではない。柏崎市は、墓地埋葬法の運用においても同意が法的に求められると解釈しているのだろうか。

ペットの死体は廃棄物

ところで、ペットの死体は、廃棄物処理法のもとでは、一般廃棄物であり、その焼却施設は、一般廃棄物処理施設と考えるべきである。実際には、許可対象となるような規模（一時間処理能力二〇〇kg以上または火格子面積二㎡以上）のものはないため、同法上は規制がない。そこで、自治体によっては、こうした小規模施設について、条例で、届出制や技術基準への適合義務を課している場合がある。柏崎市条例施行規則には、技術基準が規定されているから、ペット火葬施設については、廃棄物条例の特別法的な位置づけなのだろう。保護法益も、同じである。

なぜ検察は認めたか？

しかし、ここでも、同意取得が義務となっていない廃棄物処理法との関係でのバランスが、問題になる。ペット火葬場・納骨堂設置の同意制を支持する立法事実とは、どのようなものだろうか。いかなる法理論にもとづけば、適法説が成立するのだろうか。条例案策定過程における検察協議において、新潟地検は「問題なし。」と判断したといわれる。条例規制を正面突破するような者はいないだろうが、万が一のときには、市には、ひとつ、告発を期待したい。

7 保護者同伴!?
──許可要件としての保証人制度

許可制の実効性確保　許可制のもとで、許可基準が遵守されなかった場合には、市長は、違反者に対して、所定の措置を命令したり、許可を取り消すことになる。基準違反や命令違反に対しては、刑罰が科されることもある。命令が、代替的作為義務であれば、行政代執行法にもとづく行政強制をすることが、可能である。

夜逃げ違反者?　ところが、実際に違反行為が発生した場合、当該違反者には資力がなかったり所在が不明だったりして、違反状態が残るだけになってしまうことがある。制度的に可能だとはいえ、行政代執行をするのは、実務的には、大変なことであるし、たとえ代執行をしたとしても、その費用の回収は、現実には、困難なことが多い。

「債務保証」の発想　どのようにすれば、行政は、「安心して」許可を出すことができるのだろうか。さまざまな工夫があろうが、そのひとつに、債務保証という発想がある。二〇〇三年に改正された（京都府）「京田辺市土採取事業規制に関する条例」をみてみよう。

この条例は、土採取事業を、市長の許可制にしている。許可申請は、当該事業の事業主がするが、およそ

「事業主は、連帯保証人を立てなければならない。」（四条二項）。そして、「連帯保証人は、事業主の責務の一切を共有し、保証しなければならない。」のである（五条）。まるで、「保護者同伴申請」である。

原状回復を民事契約で　この規定は、何を意味するのだろうか。「事業主の責務の一切を……保証しなければならない。」といっても、条例本文からは、「責務」とは何かが、不明である。もっとも、この点については、「誓約書」（七条三項一四号）の標準的書式のなかで、「調整池等の防災施設については、行為中はもちろん、工事完了後においても当該防炎施設が不要となるまでの間存置し、当方の責任において維持管理することを誓約します。」とされている。許可条件遵守を、市長と事業主・連帯保証人の間で契約しているのである。

民事執行できない行政命令　許可条件違反に対しては、事業停止命令や許可取消処分が、規定されている（一七条、二〇条）。しかし、違反結果の原状回復が、監督処分や行政代執行によっては必ずしも適切に実現されないと考えたため、民事契約を利用したのであろうか。内容的に執行可能ならば、強制する場合も、「行政命令の司法的執行」とはならず、最高裁判例（二〇〇二年七月九日判時一七九八号七八頁）の整理によっても、「法律上の争訟ではない。」とされることはない。

保証人がない場合　ただ、問題もある。「事業主」とは、「土採取事業を施行する土地所有者又は土地管理者」である（二条三号）。条例のもとでは、土採取事業は許可制になっているから、連帯保証人を立てない事業主の許可申請は、不適式とされるようにみえる。連帯保証契約があるかどうかは、誓約書提出によって判断されるだろうから、その添付がない申請に対しては、行政手続条例七条にもとづいて補正が命じられ、それが是正されない場合には、不許可ということであろうか。

不可能の強制？　一定の社会的信用がある事業主ならば、連帯保証契約くらいはできるはずと考えれば、それすらできない人には土採取事業をする資格がないというのかもしれない。しかし、保証人になるかどうかは、あくまで相手方の自由である。水道法一五条一項のように、申込みがあった場合に、「正当の理由がなければ、これを拒んではならない。」という法的ルールは、一般的にはない。拒否の理由は、何でもよい。結局、理論的には、「不可能を強いる」結果になる場合がありうる。

何が何でも！　本条例は、連帯保証人の条件について、「事業主と生計を別とし」（二条五号）以外に何の制限もないので、実際には、困らないのかもしれないが、そうなると、逆に、名前だけの保証人が立てられないかが、懸念される。人的保証ではなく、宅地建物取引業法二五条のように、許可申請者に一定の保証金を供託させるという「自力でできる」物的保証制度もある。しかし、ワン・ショットの申請の場合は、無理だろうか。

また、この条例は、許可申請添付書類として、誓約書のほか、隣接土地所有者などの同意書提出も求めている。改正までしてこうした規定を入れたのには、それなりの事情があるのだろうか、規制方式の適法性に疑念が持たれる条例ではある。

8　究極のメニュー？
――無過失原状回復責任

事業者処理責任の原則　産業廃棄物の処理責任は、排出事業者にある。廃棄物処理法三条一項は、「事業者は、その事業活動に伴って生じた廃棄物を自らの責任において適正に処理しなければならない。」と規定し、一一条一項は、「事業者は、その産業廃棄物を自ら処理しなければならない。」と規定する。

進む厳格化　適正処理の法的責任が排出事業者にあることは、ここからも明白である。ただ、それを前提にしたとしても、具体的な処理の態様や不法投棄が発生した場合の対処法については、いくつかの選択肢がある。何度も改正されている廃棄物処理法であるが、この点に関しては、排出事業者処理責任を厳格化する方向になってきている。

以前は、委託処理の場合、料金はいくらであってもとにかく形式的に委託基準に満たす委託であれば、受託者が不法投棄をしようが、排出事業者に原状回復をする責任はないとされていた。ところが、同法の二〇〇〇年改正によって、適正対価を負担しない場合、不適正処理がされることを知ることができた場合、委託契約の履行管理に問題がある場合には、委託基準を形式的に満たしていても、処分者に原状回復の資力がなければ、委託をした排出事業者に原状回復責任があるとされた。具体的には、措置命令の対象となるのである。一九条の六である。命令違反は刑罰であるし、行政代執行がされることもある。

困難な要件の立証　たしかに、厳格化はされた。しかし、命令を出す行政は、「支払った額が適正対価でなかった。」とか、「知ることができた。」といった要件が充足されていることを、立証しなければならない。これは、なかなか困難である。そこで、いっそのこと、排出事業者の事情を問わず、委託した産業廃棄物が不法投棄された場合で、処分者に資力がないときには、原状回復責任があるとすべきという議論がされることになる。究極の責任である。民事の賠償責任ではないが、それになぞらえれば、「無過失原状回復責任」ということができよう。

無過失責任的解釈は可能か？　これは、ひとつの立法政策である。廃棄物処理法には、条例による先駆的・実験的取組みから学んで、新たな発想にもとづく制度が取り入れられることがあるから、法律改正によって、そうした措置が規定されるかもしれない。ところが、現行法は、そうなっていない。そこで、条例によって、同様の措置を規定することができるかどうかが、問題になる。廃棄物処理法の法施行条例によって、法律が規定する要件を書き換えることができるかである。

否定説　第一説は、否定説である。立法者は、所定の要件にもとづいて知事に権限行使を命じているが、こうした条例は、権限行使にあたっての知事の裁量に対して、法律の根拠なく制約を加えるものである。それにより、たとえ環境保全のためによい結果になるとしても、立法者の意思とは異なるから、違法となる。

肯定説　第二説は、肯定説である。原状回復命令は、法定受託事務という自治体の事務であり、それゆえに、議会の条例制定権の範囲内にある。当該法律の目的を一層達成することに資するならば、権限発動要件を条例で緩和して発動しやすくすることは、その事務を自治体の事務とした立法者の意図にも沿うものであり、適法である。

より迅速な対応のために

さて、どのように考えるべきだろうか。命令の前提には、廃棄物処理法違反の行為がある。それがもたらす生活環境保全上の支障に対して、より迅速に対処することができるから、自治体が必要と考えるならば、条例による要件の緩和は、可能のようにも思える。違反者に、「法令が規定する要件でしか原状回復命令をされない自由」があるとは、考えにくい。となると、無過失原状回復責任を規定することは可能ということになる。

解釈主義がせいぜいか

しかし、ちょっとそこまで踏み込むのは、何となくためらいを感じる。歯切れは悪いが、ぎりぎりできるのは、命令要件の書き換えではなく、原状回復指導・勧告の要件として無過失を規定し、その不服従に対して公表措置を講ずるくらいだろうか。行政指導に従わないがゆえの公表ではなく、そもそもの排出事業者責任を果たしていないがゆえの不利益であるから、行政手続条例上は、問題はない。あるいは、「知ることができた。」という要件を柔軟に解して、実質的に結果責任となる運用をすることだろうか。そのためには、排出事業者として講ずべき措置について、それなりの「メニュー」をあらかじめ考えておく必要があろう。

9　あってはならぬ!?
──鳥獣保護法の特別保護地区制度

とくに重要　「特別」と名のつく制度は、そうでないものと比較して、とくに重要であるとか保護の必要性が高いという場合が多い。そして、それには、ある程度の継続性が予定されているように感じられる。たとえば、自然公園法は、国立公園・国定公園のなかに「特別地域」を指定し、さらに、とくに必要があれば、そのなかに「特別保護地区」を設けることができるとしている。

特別保護地区　ところが、同じ文言を用いていても、発想がどうも違っているように思われる制度が、環境法にはある。それは、「鳥獣の保護及び狩猟の適正化に関する法律」（鳥獣保護法）二九条が規定する「特別保護地区」である。

特別保護地区は、同法二八条が規定する鳥獣保護区のなかに設定される。鳥獣保護区は、「鳥獣の保護を図るためとくに必要があると認めるとき」に、指定されるのであるが、さらに、「鳥獣の保護又は鳥獣の生息地の保護を図るためとくに必要があると認めるとき」に、特別保護地区が指定されるのである。

解除の義務づけ　これだけをみると、自然公園法の制度と同じようである。ところが、二九条三項は、興味深い規定をしている。すなわち、鳥獣の生息状況の変化などによって指定の必要がなくなったと認める場合や指定継続が適当でない場合には、「その指定を解除しなければならない。」のである。こうした対応は、鳥獣保護区についても二八条八項が規定している。

自然保護法なのに　どのように考えればよいのだろうか。規定ぶりからみれば、「とりあえず必要ではあるが、なるべくない方がよい制度」であるようにも思われる。鳥獣保護区のなかでとくに鳥獣が減少したり、生息地に対する開発圧力が高まったり、環境悪化があった場合に特別保護地区を指定し、そうした状態が解消されれば、指定を解除する。すなわち、特別保護地区以外の鳥獣保護区並みの環境にもどす。また、そもそも鳥獣保護区についても、鳥獣が増殖して保護を図る必要がなければ存在する必要はないということになる。

しかし、解除を義務的にしているのは、自然保護法としては、奇異な感じがする。しかも、この規定は、カタカナ法律を二〇〇二年に全面改正した現行法で導入されているのである。

どこにあってもいい?　そもそも、鳥獣保護区は、景観などとは違い、「属地性」がそれほど強くない制度なのかもしれない。自然公園法の国立公園・国定公園とは異なって、二〇年を超えない「存続期間」が制度上想定されているのである。極端なことをいえば、そこにおいて鳥獣が死に絶えてしまえば、指定している意味がないということになるのだろうか。指定されていた地域の横に鳥獣が移住すれば、旧地域を解除して新地域を指定するという発想である。

財産権への配慮　「その場所でなければならない。」というわけでないとすれば、たしかに、指定の継続は、土地所有者に不合理な制約を与えることになる。土地所有者への配慮は、たとえば、特別保護区内における行為許可に関して、要許可行為が鳥獣や生息地保護に重大な支障がなければ「許可をしなければならない。」とされていることからも読み取れる。これは、改正前の八条ノ八第六項を受け継いだものである。同じく特別保護地区内での許可について、「基準に適合しないものについては、……許可をしてはならない。」と規定する自然公園法一四条とは、対照的である。

予定されている永続性　条文からはこのように解釈されるのであるが、鳥獣保護法三条一項にもとづき策定されている「鳥獣の保護を図るための事業を実施するための基本的な指針」によれば、鳥獣保護区、特別保護地区とも、それなりの永続性を持つものと考えられているようにみえる。存続期間の更新があることも、前提とされている。そうなると、制度のタテマエと実態が乖離していることになる。

真の理由は？　鳥獣や生態系の保護をより厚くするのが、二〇〇二年改正の趣旨であるが、なぜその際に、こうした規定が導入されたのであろうか。国会会議録をみても、審議された形跡がない。地域指定については、「絶滅のおそれのある野生動植物の種の保存に関する法律」三七条二項、三八条三項が参考にされたようであるが、制度の背景となる思想が混線していると、感じられるのである。

第5章　義務履行確保と実効性確保

1　越すに越されぬ県境線？
――措置命令と保護法益

自県のための措置命令　措置命令を規定する法律は、少なくない。たとえば、廃棄物処理法一九条の五は、生活環境保全上支障のおそれがある場合に、都道府県知事は原状回復を求める措置命令（法定受託事務）を出すことができると、規定する。

廃棄物処理法の目的は、「公衆衛生の向上と生活環境の保全」である。それを実現すべく、自治体の事務がつくりだされ、知事に実施の権限が与えられている。知事の行為は、基本的に、自県内の公衆衛生向上と生活環境確保のためになされる。措置命令もそうである。ところで、隣県の生活環境保全のために、自県内に不法投棄された廃棄物に関して命令をすることは、可能だろうか。

被害は隣県に　たとえば、Ａ県の県境地域で不法投棄がされたケースを考えてみよう。Ｂ県は目と鼻の先

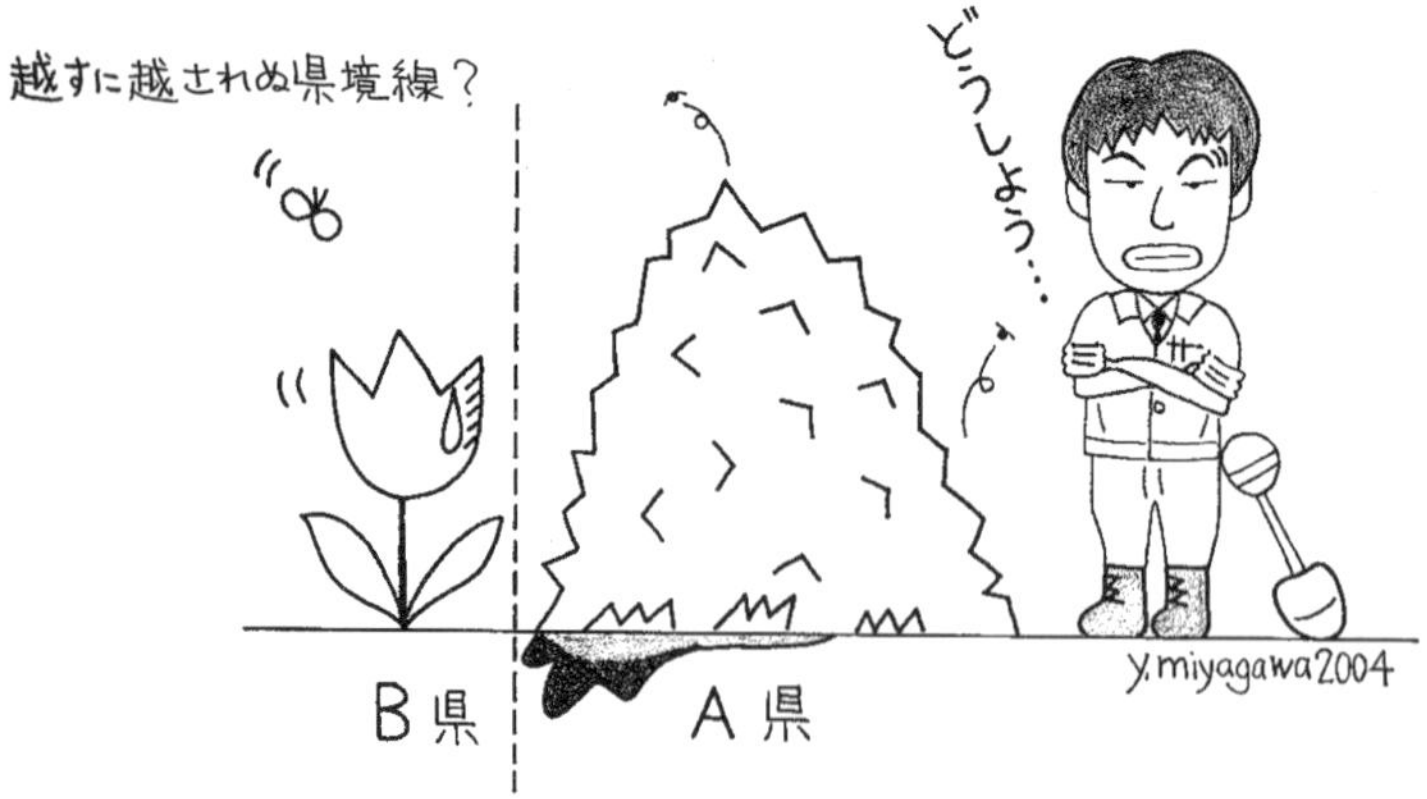

にあるが、投棄地は、A県である。投棄現場は、まず人が入らないような人里離れたところであった。環境基本法二条三項によれば、「生活環境」とは、「人の生活に密接な関係のある財産並びに人の生活に密接な関係のある動植物及びその生育環境を含む。」である。したがって、A県内においては、「生活環境保全上の支障のおそれ」は発生していないと、仮定する。ところが、隣県のB県側では、当該不法投棄地の近くに集落があり、地下水脈がA県側からB県側に流れているために、集落で使用している簡易水道水源への影響が、考えられるとしよう。この場合、A県知事は、A県内の不法投棄物件に関して、措置命令を出すことができるのだろうか。

要件をみたさない？　この場合、不法投棄はあるけれどもA県の生活環境には影響はないから、一九条の五の要件を満たさない。措置命令は出せないと考えるべきであろうか。万が一出せるとして、命令の履行がされないと、行政代執行になる。投棄者自身にも排出事業者にも請求ができない場合には、A県の財政からの支出となってしまう。しかし、そもそもの命令が違法であれば、そうした議論も成り立たない。命令を介在させずに、A県の自然環境保全のための一種の「公共事業」として撤去するなら、可能であろうか。

手が出せない隣県知事　一方、B県知事は、どうだろうか。権限は、基本的には、自県の行政領域内部にしか及ばないから、いかに自県の生活環境保全上支障があろうと、隣県にある不法投棄物件を適正処理せよという命令は出せない。複数県にわたる事案については、両県知事の要請を前提に、環境大臣が措置命令を出せばよいとも思われるが、そのような権限を認める条文は、現行廃棄物処理法にはない。

おそれ規定の活用　現実的には、B県の生活環境に支障を及ぼすような不法投棄はA県の生活環境にも影響するはずだから、「A県の生活環境の支障のおそれ」を拡大解釈してA県知事が措置命令を出し、そのための事務費用および万が一の行政代執行の場合の費用負担の一部をB県知事が約束する覚書を事前に交わすことだろうか。

たしかに、「おそれ」というのは、〇%〜一〇〇%のどこかにあればいいということだとすれば、〇%に近いけれども「おそれがある」といえないことはない。環境省がそれでよいと考えてくれれば、A県知事の命令は、少なくとも、審査請求には耐えられる。

解釈の限界　しかし、定義によれば、生活密接性が生活環境の解釈の基本となっているのであるから、文言をそこまで拡大することは、無理であろう。また、そのように解釈すれば、ほかにも対応しなければならない程度の不法投棄が県内にはたくさんあるはずである。よほど政治的な案件なら別であろうが、そうでないとすれば、現実には、平等原則の観点から、〇%に近いようなものには手が出せないということになろう。法律改正が必要であるように思われる。

2　有言実行！
——千代田区生活環境条例

撃ち方始め！　二〇〇二年一一月一日、「安全で快適な千代田区の生活環境の整備に関する条例」（千代田区生活環境条例）は、鮮烈に〝デビュー戦〟を飾った。同年六月に制定された同条例は、一定地域内での路上喫煙や吸い殻ポイ捨てに対して、過料処分を規定しているが、一〇月一日の施行期間から一ヵ月の周知期間を経過したこの日に、違反者に対して、本格的執行を開始したのである。正午までの徴収は一三件に及び、当日の光景はテレビや新聞でも、大きく報道された。

罰金をつけても……　とりわけ、ポイ捨て禁止条例の実効性をいかにして確保するかは、自治体行政の悩みの種である。抑止効果をあげるために、刑罰である罰金を規定するかどうかは、条例立案過程で必ず議論されるポイントである。ところが、罰金を規定しても、警察が動いてくれるわけでもない。違反は蔓延し、条例で義務づけたルールが瓦解してゆくのである。犯罪としたことが非犯罪化を招くという皮肉な結果である。

過料に注目　千代田区の条例も、あるいは、こうした運命をたどったかもしれない。というのも、当初は、違反に直接罰金を適用する案を、検討していたからである。ところが、協議を受けた警察は、難色を示す。そ

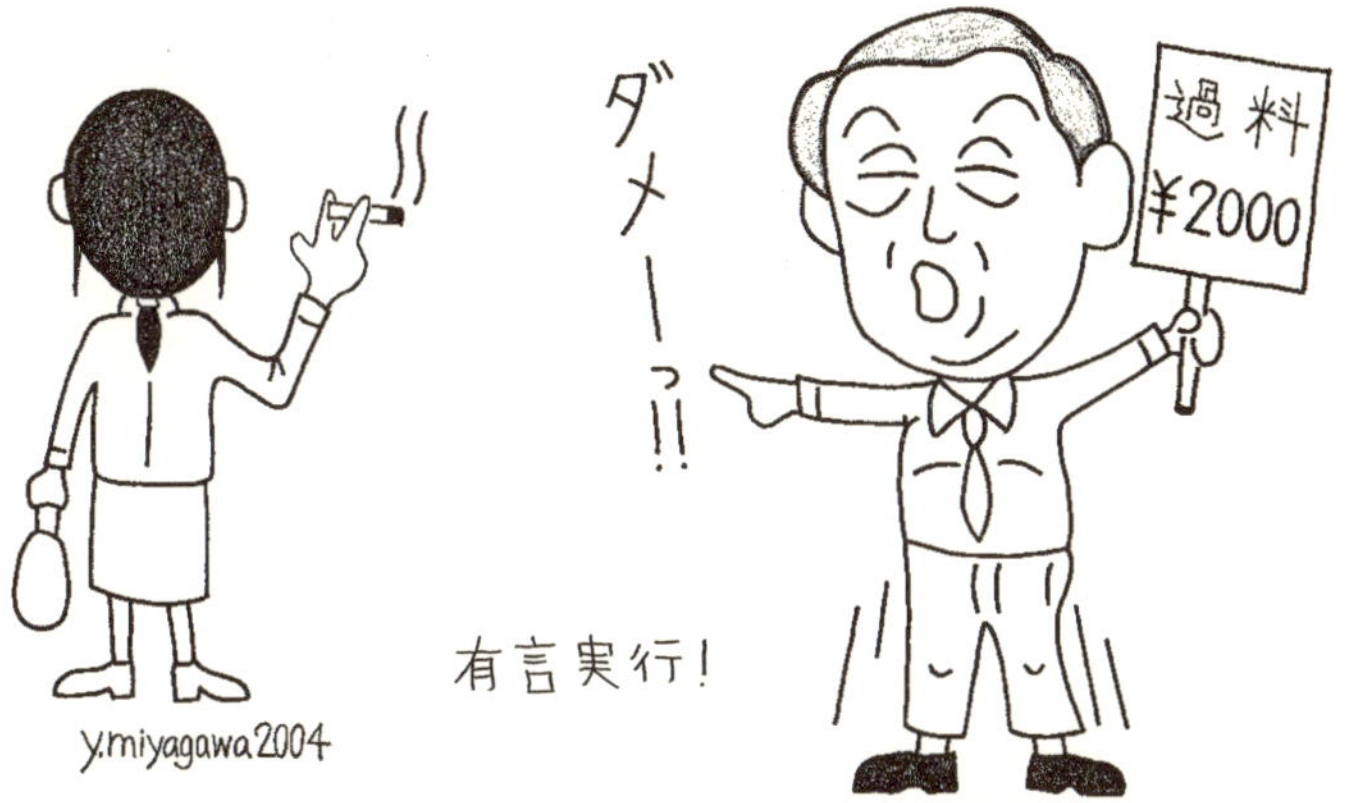

こで、「条例に五万円以下の過料を規定できる。」とする地方自治法一四条三項をもとに、路上禁煙地区内での喫煙者やポイ捨て者などに対して、「二万円以下の過料」を取ることにしたのである。

ヤル気なし？　警察の捜査と検察への送致が必要な罰金とは異なって、過料は、行政処分であるから、所定の手続を経て行政だけで科することができる。すなわち、「行政にやる気があればできる。」のである。しかし、過料を規定しているほかの自治体の条例をみると、適用事例は、きわめて少ない。これは、違反事例がないことを意味するものではない。違反はあるが、「そこまで（過料適用）のやる気がない」からなのであろう。

驚異の厳格執行　それでは、千代田区は、どのような考え方や体制のもとに、この条例を執行しているのだろうか。本格的執行から二〇〇三年二月一一日までの過料処分件数は、一、九六七件となっている。路上で現金を徴収したのは、一、一八四件である。以下では、「有言実行」の背景のいくつかをみることにしよう。

トップの意気込み　第一に指摘されるべきは、区長の強い姿勢である。運用上、過料額は二、〇〇〇円均一とされているが、それでも、職員は、当初、悪質な事案のみへの適用を考えていたようである。ところが、周知期間にそれなりの遵守効果があらわれていたところから、区長は、「ルールを守ってくれる人が馬鹿をみることがないように。」ということで、現認したすべての違反に対して過料適用をするように指示している。

「知らないとはいわせない」

第二は、「キャンペーン活動」である。直罰的に適用されるため、「そんな条例知らなかった。」といわれてしまえば、適用にも二の足を踏むことになる。そこで、タレントの菊川怜の起用やビラ・チラシなどで何と約六、〇〇〇万円の公費を投入しているのである。区役所としては、「知らなかったとはいわせない。」ということだろう。

人海戦術

第三は、職員三八八人に併任辞令を出して、交代でチームを組んでパトロールをしたことである。こうした違反は、「現行犯」以外では対応が難しい。違反を多く現認できることが、多くの処分を可能にする要因である。

シンプルな手続

第四は、手続のシンプルさである。行政処分といえども告知弁明手続きが必要であるが、それを現場ですぐに記入できるように工夫して、違反者・行政ともお互いに時間をかけずに処理できるようにしている。

素直な違反者

そして、第五には、違反者が「善良な市民」ということなのかもしれない。区役所職員も、素直に納付してくれる違反者が多いことに、驚いていた。衆人環視のもとで、数人の職員に囲まれてしまえば、（職員に取り押さえる権限がないにしても、）逃げることも難しいのだろうか。「何で俺だけ。」といわせないような積極的な執行が、そうした反論を封じる効果を持っている。

それゆえに、施行時のような費用がかけられなくなったときに、ルールが市民に根づいているかどうかが、ポイントだろう。

3 「こちら千代田区役所です！」
――過料執行同行記

イケイケ・ドンドン　二〇〇二年一一月一日から本格的実施が開始された「安全で快適な千代田区の生活環境の整備に関する条例」が一躍有名になったのは、路上喫煙を禁止して、違反者に対して二、〇〇〇円の過料を実際にかけているからである。二〇〇三年五月二〇日までの処分は、三、一一四件に及び、徴収額は五、一二六、〇〇〇円となっている。条例に規定される過料には、「床の間の飾り物」的なものが多いが、このように活用されている例は、きわめて稀である。

そこで、実際にどのようにして執行されているのかを勉強すべく、五月のある爽やかな午後、パトロールに同行させていただいた。以下は、その印象記である。

実施体制　二〇〇二年度と二〇〇三年度とでは、パトロール体制に変化があった。以前は、職員四人と警備員一人の五人一組でまわっていたが、四月からは、基本的に、非常勤特別職公務員一〇人が二人一組で対応している。これは、平日と休日の半分である。休日の残り半分は、係長級以上の職員が順番でまわっている。夜間については、非常勤職員が、交代でまわっている。

いざ出陣！　昼間のパトロールは、九時出発と一三時出発である。イエローのジャンパーに身を包み、書類一式をカバンに入れて、この日は、九段下にある区役所から靖国通りを秋葉原の方向に向かった。途中には、神田古本屋街やスポーツ用品店が並んでいる。

違反者にはすぐに遭遇するだろうと思っていたが、意外にもそうではなかった。「オヤッ」と思ったら、ルールをよく知っているのか、禁止区域を少し離れたところで吸っている。結局、秋葉原にたどりつくまでの二五分間に、一人もゲットできなかった。

あちこちにポスターが　歩いてみて気づくのは、条例の実施を知らせる看板やポスターの多さである。千代田区は、これまでに、広報費用や道路へのマーク貼り付け費用として、一億円以上支出しているが、まさに、情報徹底化・意識啓発のための物量作戦という感じがする。

逃げるが勝ち？　Uターンして区役所の方向に戻りしばらくして、若い営業マン風の男性が手に火のついたタバコを持っていた。パトロールの二人は、サッと走り出す。「すみません、こちら千代田区役所です。」といって、条例のルールを説明し、違反していることと過料がかけられることを告知する。カーボンコピー式の告知弁明書への記載を求めるが、この違反者は、なかなか応じない。そのうち、「客を待たせているので。」といって、横断歩道をわたってしまった。職員は、追いかけることはしない。徴収失敗の「逃げ去り事案」である。

ようやくゲット！ 気を取り直して再出発。運良く（?）二人目に出くわす。今度は、素直に納付に応じた。その後、連続して二人から徴収できた。議論をふっかける人もたまにはいるそうだが、二、〇〇〇円だからか、ほとんどは、「しまった」「トラブルのも面倒くさい」感覚で払ってくれるようである。五、〇〇〇円なら、そうもいかないだろう。二、〇〇〇円は、絶妙の額である。

徴収できないケース 後日納付も可能だが、虚偽の住所・氏名を書かれると、お手上げである。そうでなくても、あくまで不払いされれば、地方自治法にもとづく強制徴収というわけには、実際はいかない。処分件数と納付件数との間には、実は、差があるが、これは、そうした事情による。また、処分には至らない「逃げ去り事案」の場合には、どうしようもない。違反者がホームレスの場合、そもそも払う金がないから、注意だけになる。全体からみると、こうしたケースは少数であるが、「正直者が馬鹿をみる」面があることは、否定できない。もっとも、これは、行政法の執行一般に共通する現象ではある。

前職はポリス 今のところ、胸ぐらを捕まれたり殴られたりといった事態は、幸いにしてない。もっとも、パトロールの二人組にそんなことをすれば、公務執行妨害罪か傷害罪で現行犯逮捕されてしまうだろう。相手が悪い。何しろ、非常勤一〇人の前職は、警察官なのである。

〔追　記〕

驚異の納付率！ 路上喫煙に対する過料の執行状況の最新データは、千代田区のホームページ（http://www.poisute.com/）で、公表されている。それによれば、過料執行が開始された二〇〇二年一一月から二〇〇四年五月までの過料処分の累計は、九、〇二四件となっている。そのうち、現場で現金支払いをしたものが、六、八二七件（約七六％）である。その場で払わずに、後日、金融機関から振り込むケースも含めると、納付率は、全体で、約八五％の高率である。国民年金の納付率より高いのではないだろうか。

4　無謬神話を超えて
――県境産業廃棄物不法投棄事案検証結果報告書

日本最大級　青森・岩手県境地域に、八二万㎥を超える産業廃棄物が、不法投棄されている。現在のところ、確認されている量では、日本最大の不法投棄である。

対応の不備　ところで、こうした不法投棄は、もちろん、一夜にしてできあがったものではない。不法投棄が継続していた間にも、行政は、それなりの対応はしていた。しかし、結果から振り返れば、対応に何かの問題点があったのかもしれない。再発を防止するためには、行政としては、たんに遺憾の意を表するだけではなく、過去を検証して問題点を摘出し、将来につなげる必要がある。

レビューする　そうしたことから、青森県庁と岩手県庁は、それぞれ、検証のための組織を設け、過去の対応をレビューさせたのである。私は、岩手県側組織の四人の委員のひとりとして、二〇〇二年一〇月から二〇〇三年三月まで、検証作業に従事し、報告書を提出した。岩手県の報告書『県境産業廃棄物不法投棄事案検証結果報告書』は、岩手県庁のホームページ上で、公開されている（http://www.pref.iwate.jp/~hp0102/04_gyoukou/houkoku.htm）。

違法性を指摘　『報告書』では、一九九五年九月二九日から二〇〇〇年八月二三日までの行政対応を検証の俎上にのせ、おおむね次のような評価をした。不法投棄者である三栄化学工業に対する収集運搬業二〇日間停止処分（一九九六年一一月五日）、措置命令（二〇〇〇年六月二二日以降数回）、許可取消処分（二〇〇〇年八月二三日）は、妥当である。業務停止処分を出した後のフォローは、より厳格にされるべきであった。同処分の後にされた許可更新処分（二〇〇〇年二月七日）には、違法性があった。大量の不法投棄という深刻な事態を招来した当時の行政体制は、妥当なものとはいえない。県庁は、廃棄物処理法にもとづく権限を最大限活用して、原状回復を図るとともに、再発防止策を講ずるべきである。

当時の視点で評価　以下では、この内容についてコメントするのではなく、作業をつうじて感じたことをいくつか述べてみたい。

第一は、評価のやり方についてである。完全な原状回復には莫大な費用を要する産業廃棄物の山という現実が眼前にあるために、行政対応の不十分さを事後的に評価するのは、簡単である。しかし、将来のことを考えた場合には、それぞれの時期において当時の状況のもとで、権限の行使あるいは不行使を、評価する必要がある。不可能なことを求めても、意味がないからである。この点については、廃棄物処理法の執行として当時において求めえた内容を解釈によって確定し、実際の活動との「距離」をはかってそれを評価するという方式で臨んだ。

一番欲しかったデータ

第二は、不法投棄のデータについてである。不法投棄量がそれほどでもなければ、行政対応に迅速性が欠けたとしても、問題が多いということはできない。逆に、集中して不法投棄がされているならば、緩慢な対応は、批判されるべきということになる。ところが、情報がなく、「不法投棄量の経年変化」というデータは、作成することができなかった。廃棄物処理法のもとでそれぞれの状況下で求められる行為内容を確定するには、是非とも必要なデータであったが、この点は、残念であった。

警察活動と行政対応

第三は、警察捜査との関係についてである。これは、行政一般に観察できる現象であるが、警察の内偵が入ると、行政は、指導や立入検査を、自粛してしまう。捜査への支障を懸念するからであるが、そのうちにも不法投棄は継続され、結果的に行政が対応しなければならない産業廃棄物の量は、多くなるのである。法的には、行政対応と警察対応は、別個のものであって、行政は、「廃棄物性」の認定などの命令要件認定を独自にしなければならないのであるが、そうしたことにはなっていないのが、現実である。

検証と対策提示は不可欠

一九九八年以前に不法投棄された産業廃棄物の原状回復のために、二〇〇三年に、「特定産業廃棄物に起因する支障の除去等に関する特別措置法」が、制定された。国庫補助などがされるのであるが、公金の投入を認めるにあたっては、岩手県のように、行政にも問題があることを進んで認め、きちんとした検証がされ、再発防止のための行政対応がされていることを条件とすべきであろう。

5
環境被害深刻化のもうひとつの原因
──内偵捜査と行政権限行使

動くに動けず　産業廃棄物の不法投棄に対して、行政が権限を行使せずに放置したがゆえに被害が拡大し、そのために、社会的に批判を受けることがある。たんに、相手が怖いとか面倒くさいという理由で行政がさぼっていているということもあるだろう。しかし、行政としては、やりたくてもできないということも、考えられる。それは、刑事捜査との関係がある場合である。

不法投棄への二つの権限　産業廃棄物の不法投棄は、廃棄物処理法一六条違反であり、それ自体が犯罪であるから、警察は、独自に捜査をして、犯人を検挙することができる。一方、行政は、不法投棄された物件に関して、投棄者に対して原状回復命令を出すか行政指導をして、適正処理を求めることになる。次元は異なるものの、ひとつの不法投棄に関して、二つの権限が競合しているのである。

内偵開始通知　たとえば、不法投棄に関する端緒情報が、警察に入ったとしよう。若干の捜査をして、「これは、事件になる。」と警察が判断した場合には、立件するのに十分な証拠を収集すべく、内偵捜査を継続する。その過程では、行政に対して、内偵している旨が通知され、行政対応を控えるよう依頼されることもある。

そして、ゴミだけが残った

要請があると、行政としては、組織間の「付き合い」もあるからか、それに従って、行政指導や措置命令といった行政権限行使をしないで事態の推移をながめるということになる。要請はなくても、行政対応を自粛することは、少なくない。その間に、警察としては、摘発や送致に十分な情報は収集できるのだろうが、一方で、不法投棄による生活環境悪化は、深刻化するのである。その結果、「検挙→送致→起訴→罰金刑確定」となって、警察は、めでたしめでたしかもしれないが、行政としては、もっと早期に対応していたならば何とかなったかもしれない不法投棄が、残されるだけになる。何ともやりきれない。

罰金は国庫へ

投棄者が無資力ゆえに原状回復命令を履行できなくなって行政代執行をしなければならなくなったとしても、県の一般財源から持ち出した代執行費用に、罰金が充当されるわけではない。罰金は、法務省歳入である。

活動継続は可能だが……

どのように考えればよいのだろうか。警察からの要請は、法律の根拠があるものではないし、従うべき法的義務が生じるものでもない。したがって、行政としては、独自の判断で、「これ以上放置しておけば行政代執行になりかねず、そうすれば代執行費用の回収が不可能になる規模になる。」と考えれば、要請を無視して、行政指導に入ることも、可能である。環境省は、技術的助言において、そうした運用を求めているようにみえる。

現実には無理

そのように対応すれば、警察からは、「捜査妨害」といわれるかもしれないが、それ自体は正当行為であるから、公務執行妨害罪になるわけではない。また、そうしなければ、廃棄物処理法が認めている裁量権を消極的に濫用したとして、（国家賠償法上というわけではないが、）違法となるかもしれない。しかし、現職警察官の派遣・出向をはじめとして、警察に助けてもらっている面が強い産業廃棄物行政にとっては、それは、現実的ではない選択であろう。

初動対応が甘い？　もっとも、実際には、不法投棄に関しては、行政が警察より先に情報を把握して、何らかの対応をしている場合が、多いようである。行政から警察に情報が提供されるのは、行政の「手に余る」状態になってからかもしれない。そうすると、自らの初動対応の不適切さが警察の介入を招いたといえないこともない。警察官が産業廃棄物行政現場に多く在籍するようになっていることから、毅然とした権限行使をして未然に不法投棄拡大を防止することが、必要なのである。

必要な整理　一方は、刑事訴訟法上の捜査であり、他方は、行政法の監督権限行使である。両者は次元が異なるために、一応は、別の世界であり、相互の関係について、十分な議論は、されていないように思われる。しかし、現場で実際に発生している大きな問題である。廃棄物処理法の適正な執行のために、中央政府内部での整理が、必要である。

6 やる気十分・実力半分？
——環境省地方環境対策調査官事務所

環境省の地方組織　国の地方事務所といえば、地方整備局（国土交通省）、経済産業局（経済産業省）、地方農政局（農林水産省）など、それぞれ「歴史と伝統」のある組織が、存在する。これに対して、環境省には、レンジャーが配属される自然保護事務所はあるものの、省の事務全般をカバーする組織は、環境庁時代からも、存在していなかった。しかし、そうした組織が、不要だったわけではない。必要性は感じられつつも、諸事情によって実現されなかったということであろう。

九ヶ所八九人　その意味で、二〇〇一年一〇月一日に開設された地方環境対策調査官事務所は、環境省にとって、「念願の地方組織」である。札幌市、仙台市、東京都、新潟市、名古屋市、大阪市、広島市、高松市、福岡市の全国九カ所に、四五名体制で発足したが、二〇〇三年度中に八九名が、定員化された。

三つの精神　この事務所は、環境省の環境行政の最先端を担うものとされ、「現場主義」「地方分権」「開かれた環境省」の三つの精神を体現して、任務にあたることになっている。任務の中心は、現地調査、地方環境情報の収集、環境省関係法令施行状況調査、環境モニターをつうじた意見・要望の把握である。

高まる期待　最近の国会審議においても、委員の側からこの制度に対する質問がされ、環境省側からは、とりわけ産業廃棄物不法投棄対策に活用する旨の答弁が、されている。たしかに、廃棄物処理行政における国の役割の強化は、地方分権改革推進会議の求めるところでもあったし、廃棄物処理法二〇〇三年改正・二〇〇四年改正においても、いわゆる並行権限の創設などとして、それなりに実現された。その第一線の機能を、地方環境対策調査官が、引き受けるということであろう。

とりあえずの出発　ただ、そうした所掌事務であるとしても、現行の体制がそれに見合ったものであるかについては、いささかの留保が、必要である。この制度は、もともと総務省行政監察局で『地方環境保全施策』や『全国環境事情』などの作成にあたっていた職員四五名のポストを環境省に移管したものである。人員増はあるけれども、現状は、いわば、他省庁からの出向者の寄せ集め状態のことが多いのであって、不法投棄に関する調査などができるような十分な知識・技術を持っている者が、いるわけではない。ＩＴ機器を活用した不法投棄の未然防止対策としてＧＰＳによる位置情報などを送信できる携帯情報端末を三億一、一〇〇万円をかけて配備するとされていたが、有効な活用ができるのだろうか。

猛勉強中！　現地調査は、重要な任務であるが、現場の地理や廃棄物処理法に詳しくないのに出かけていって大丈夫かは、気になるところである。施設や業者の許可情報は、都道府県が持っているのであり、その活用のためには、都道府県のサポートが、不可欠である。都道府県をサポートするのが任務であるが、サポートされているのでは、お話にならない。すべてにおいて「勉強中」なのが、実態である。自治体行政関係者からは、「結局、あれこれ資料を出せというだけではないか。」、「邪魔になるだけ。」という厳しい声も、聞こえてくる。

自治体に頼りにされないと

分権時代といえども、法律の施行状況については、環境省は重大な関心を持つべきであるから、その調査は、重要である。しかし、県で収集した情報をたんに東京に流すだけであれば、管轄区域の都道府県の信頼は、得られないだろう。環境法の立案については、「実態を見ない霞が関官僚の机上の空論」という批判が、現場には、根強くある。実態を踏まえて、的確な立案関係情報を霞が関に送ることも、重要な任務のはずである。それにより、自治体の信頼も、少しずつ高まるのではないだろうか。

地方環境局の野望？

環境省は、地方環境対策調査官事務所を、ゆくゆくは、「地方環境局」としたい意向である。行政改革の時代にこうした組織が可能になるかは、必ずしも明らかではないが、同省にとっては、まさに「橋頭堡」である。

環境行政が、国と自治体との健全な連携関係にもとづいて企画・実施されるものであることに鑑みれば、霞が関の本庁と同様に、県の出向者を受けるなどの形態も、考えられる。時代に逆行するのか、時代の先取りなのか。今後の活動実績が、注目される。

7 未熟者めッ！
――条例と検察協議

検察協議の根拠

刑罰規定を含む条例を制定する場合、自治体の担当課は、地方検察庁に相談をすることが、少なくない。こうした対応は、現場では、半ば慣習化しているといってもよいが、その根拠は、一体どこにあるのだろうか。

いくつかの自治体の法制担当に聞いたが、「根拠といわれても……」という回答ばかりであった。そうしたところ、それらしい文書に行き当たった。これが「本当の根拠」かどうかは、怪しいのであるが、以下に紹介することにしよう。

「自治体は未熟」

まず、こうした実務の開始であるが、「検察官が地方自治体制の制定する条例のうち罰則の定めのあるものの立案等に関与するようになったのは、昭和二六年四月一日付けで最高検察庁、高等検察庁及び地方検察庁に条例係検事が置かれてから」とされる。この措置は、法務府刑政長官通牒によるものであったが、その理由は、「一般的には地方自治体の条例は、国の法令に比べると技術的に未熟のうらみなしとしないので、罰則適用上不都合な点も多々ある」ことによる。「関係自治体から意見を求められた場合には条例係

検事においてこれに協力して然るべき」という認識が、示されている。

条例内容へも関与　条例は、当該自治体の法政策の表現であるから、検察は、それを尊重すべきようにも思われる。しかし、「運用面で困難を来すような条例が施行されることは望ましくないので、罰則の妥当性、運用上の難点等について十分に審議を尽くす必要があり、その判断のためには、当該条例案全体の構成の適否についても説明を求め、意見を述べる必要がある」としている。内容への関与も、ありうるのである。

都条例を修正させる　また、常に協議を持っての対応というわけではない。「既存の条例に不備を発見したときは、通報して是正を促すべきことが、各種会同の際、刑事局等からも指摘されている」。具体的事例としては、水質汚濁防止法三条三項にもとづく上乗せ条例を、昭和四八年当時、東京都は、公害防止条例の本則ではなく施行規則で規定していたが、それが、同法に抵触して、結果的に直罰制度を適用できないことになるために、「内閣法制局及び法務省刑事局と協議の上、当庁検事正から東京都知事に対しその旨を連絡した結果、東京都においても同条例の一部を改正し、その不備が是正された」ことがあるという。

内部のニュースレター？

この文書は、ある県庁の法制担当からゲットしたものであるが、同氏によると、「課のファイルにあったのをたまたまみつけた。」とのことである。出典が気になるのであるが、それは、ついていない。ただ、上記の文章は、「◇各課通信」という箇所のなかに、「今回、罰則の定めのある条例の審査事務について、東京地検総務部中澤部付け検事が、同地検「総務部だより（第一三七号）」に寄稿された貴重な調査紹介を本誌に転載させて頂くことといたしました。〔改行〕この種事務の取扱いについては、先日もある管内地検から照会があったところであり、是非執務の参考にして頂きたいと存じます。」という前置きに続いて掲載されていたものである。

なお、この実務を当初担当していた「条例係検事」は、昭和三四年二月二六日付け法務大臣訓令「係検事に関する規定」により廃止されたが、条例審査は、「指導係検事の担当事務として引き継がれ、現在〔文書内容から推測すると、昭和六一年以降のある時点〕に至っています。」という。

「水を漏らさぬ」とはいえない

こうした方針での協議が、必ずされているかどうかは、不明である。私の印象では、協議はされたが、合憲性や適法性に問題があるため刑罰の適用ができないと思われる条例は、ないではない。方針が、徹底されていないということだろうか。

政策法学ライブラリイ　刊行にあたって　2001年6月

世の中は構造改革の時代である。われわれは既存の発想を変え、制度を変えて、未知の課題に新しく挑戦しなければ沈没してしまう時代になった。法律の世界では、法制度を塗り替える政策法学の時代が来たのである。

わたくしは、かねて解釈学だけではなく、こうした政策法学を提唱して、種々提言を試みてきた。日本列島「法」改造論のつもりである。往々にして、変人とか言われても、「変革の人」のつもりであったし、「時期尚早」と言われても、死後ではなく、生きているうちに理解して貰えるという信念で頑張ってきたが、ようやく認知される時代がきたと感じているところである。

このたび、信山社では、これをさらに推進すべく、「政策法学ライブラリイ」を発刊することになった。商業出版の世界ではたしてどこまで成功するかという不安はつきないが、時代の先端を行くものとして、是非ともその成功を祈りたい。このライブラリイを舞台に、多くの法律学研究者がその仕事の比重を解釈論から政策論に移行させ、実務家も、同様に立法論的な解決策を理論的な基盤のもとに提唱し、実現することが期待される。

政策法学ライブラリイ編集顧問
神戸大学大学院法学研究科教授　阿部泰隆

「このような世の中になればいい」と、人は、考えることがある。そうした想いが、集まり、議論され、ひとつの政策が形成される。それを実現するための社会の重要な手段が、法律である。

法律は、真空状態のなかで生成するものではない。社会の動きに反応し、既存法を否定・補完・改革し、新たな発想を包み込み、試行錯誤を繰り返しながら、生まれ、そして、育っていくのである。

地方分権や規制改革の流れは、社会の変革を、思いのほか速くに進めることだろう。それを十分に受け止めて対応する法学がなければ、新世紀の法治主義社会の実現はありえない。実定法の後を追うだけの視野の狭い法学では、荷が重い。今こそ、合理的な政策とそれを実現するための制度を正面から研究対象とする法学が、求められている。

「政策法学ライブラリイ」は、新たな志向を持つ研究者・実務家に門戸を開く。確立した学問的成果があるわけではない。方法論も定まっていない。このライブラリイから発信された議論が、学界や実務界での健全な批判のもとに成長をし、微力であるかもしれないが、社会の発展のためのひとつの確実な力となることを期待したい。

政策法学ライブラリイ編集顧問
上智大学法学部教授　北村喜宣

政策法学ライブラリイ　9
自治力の情熱
初版第1刷発行　2004年 7 月30日
著　者　北村喜宣
発行者　袖 山 貴=村岡侖衛
発行所　信山社出版株式会社
〒113-0033　東京都文京区本郷6-2-9-102
TEL 03-3818-1019　FAX 03-3818-0344
印刷・製本　㈱エーヴィスシステムズ

ISBN 4-7972-5288-X-C3332　　装幀　アトリエ 風